JN016662

横浜の名建築をめぐる旅

菅野裕子
＋
恩田陸

X-Knowledge

はじめに

横浜に建つ近代建築は、この町の大きな魅力といってよいだろう。港の近くにある西洋風の銀行や山手に残る洋館を訪れれば、普通の町や住宅街とはひと味違う雰囲気を感じられる。横浜の近代建築は、そのデザインの種類も豊富だ。かつて西洋文化の取り入れ口だっただけあって、ゴシック、ルネサンス、ギリシア神殿風、洋館など、バラエティに富んだ建築様式がそろっている。

だが、さまざまな様式の建築を見ることが、単なる記号的な見方になってしまっては、つまり、ゴシック様式やバロック様式といった専門用語や形を確認するだけになってしまったら、それは少しもったいない。建築を見ることの楽しみとは、まず、その形から受ける印象や空間の雰囲気そのものを味わうことにあるからだ。

歴史を感じさせる図書館の片隅。行きつけの喫茶店の日だまりの空間。建築を専門としていない人でも、そういったお気に入りの建築空間の一つや二つはあるのではないだろうか。魅力的な建築は、ただそこに身をおくだけでも、私たちの心に喜びをもたらし、とっておきの時間を作ってくれる。そうした時間の中では、その建築の建築年や様式名、あるいはその設計者がどんな生涯を送ったかといった情報は、ほとんど必要ないかもしれない。

とはいえ、気に入った建築があったら、時代背景や、様式、設計者などについて知りたくなるという人も少なくないだろう。実際、そういった知識によって、建築の理解は深まるものだ。たとえば、デザインは時代の気分や建築家の好みに強く結びついているし、都市の中の建築はしばしばその場所の歴史や敷地の形にも関係している。その一方で、私たちが、建築の形から感じる印象は、言葉にできないようなぼんやりしたものであることが多い。それでも、もしそこで受ける漠然とした印象を、少しでも知識と結びつけることができたら、その体験はもっとたしかな実感をともなうものになるのではないだろうか。

本書は、そういった建築の形や雰囲気を楽しみながら、横浜の近代建築に親しんでいただくことを目的として書かれている。そのため、歴史的背景や建築様式に関する情報は、できるだけ建築の形の魅力に関連づけるようにし、逆に、形とは直接関係ない、建築家のエピソードのようなものには触れていない。なによりもまず、建築そのものを味わっていただきたいからである。私たちが本当に建築に感動したときには、建築家の名前より、その場の空気感や建築の面影が心に残るものだ。そして、それこそが建築の体験の特質であり、すばらしさだと、私は信じている。ただし、より専門的な内容を知りたい読者のために、キャプションには、あまり煩雑にならない程度で専門用語にも触れているので、興味を持たれた方はそちらもご参照いただきたい。

新鮮な空気の中で町を散歩するという、生の経験のかけがえのなさは、近年ますます切実に感じられるばかりだ。そして、その町を歩くことの喜びは、建築との出会いの中にもある。本書が皆様にとって、日々の生活の中で、建築を味わい楽しむことのきっかけになればうれしい。

ヨコハマグランド インターコンチネンタル ホテル
横浜ハンマーヘッド
国際橋
新港パーク
カップヌードル ミュージアム
よこはま コスモワールド
横浜ワールド ポーターズ
ナビオス横浜
赤レンガパーク
万国橋通り
馬車道駅
県警察 本部
海岸通り
象の鼻パーク
大さん橋ふ頭ビル
横浜港
馬車道
関内大通り
133
日本大通り駅
日本大通り
山下公園通り
日本郵船 氷川丸
みなとみらい線
山下公園
関内駅
尾上町通り
みなと大通り
横浜公園
横浜 スタジアム
大桟橋通り
朝陽門（東門）
横浜マリンタワー
善隣門
JR根岸線
関帝廟
関帝廟通り
天長門
媽祖廟
朱雀門 （南門）
元町・中華街駅
横浜公園
延平門 （西門）
元町
谷戸坂
港の見える丘 公園
横浜 外国人墓地
代官坂
岩崎 ミュージアム
寿町
石川町 JCT
横浜市 中区
石川町駅
元町公園
山手本通り
山手資料館
山手
山手イタリア山庭園
山手公園
山手駅
C
新横浜駅
菊名駅
JR横浜線
東海道 新幹線
京浜東北線・JR横須賀線・東海道本線
川崎市
鶴見駅
東急東横線
東神奈川駅
横浜市
横浜駅
A
関内駅
京浜急行 本線
東京湾
B
山手駅
0 2km
A

map

みなとみらい・馬車道エリア

no.1 赤レンガ倉庫
no.2 日本郵船歴史博物館
no.3 旧横浜銀行本店別館
（元第一銀行横浜支店）
no.4 神奈川県立歴史博物館
no.5 馬車道大津ビル
no.6 横浜銀行協会

日本大通り・山下公園エリア

no.7 横浜税関
no.8 神奈川県庁本庁舎
no.9 横浜市開港記念会館
no.10 横浜貿易会館
no.11 海洋会横浜会館
no.12 昭和ビル
no.13 横浜開港資料館旧館
no.14 横浜海岸教会
no.15 横浜都市発展記念館
no.16 ラ・バンク・ド・ロア
（旧露亜銀行横浜支店）
no.17 旧横浜居留地48番館
no.18 インペリアルビル
no.19 旧英国七番館（戸田平和記念館）
no.20 ホテルニューグランド
no.21 THE BAYS／ザ・ベイス
（旧日本綿花横浜支店事務所）

関内・桜木町エリア

no.22 横浜指路教会
no.23 不二家レストラン
（横浜センター店）
no.24 神奈川県立図書館・音楽堂

山手・その他エリア

no.25 山手111番館
no.26 横浜山手聖公会
no.27 ベーリック・ホール
no.28 カトリック山手教会
no.29 ブラフ18番館
no.30 外交官の家
no.31 地蔵王廟
no.32 横浜市大倉山記念館

目次

本書に掲載した内容は2021年3月時点のものです。建物の改築や改装、公開日時の変更等の可能性がありますので、事前に公式HP等で最新情報をご確認の上お出かけください。

＊一般公開されている建物以外は無断で敷地内に立ち入らないようご注意ください。

装丁　三上祥子（Vaa）
写真　本多康司
編集協力　加藤純
地図制作　アトリエプラン

みなとみらい・馬車道

no.1

no.6

エリア

no.1

赤レンガ倉庫

海を臨む広場に建つ横浜のシンボル

南側より。写真の手前にみえるのが１号
倉庫で、奥が２号。１号倉庫は関東大震
災で西側部分（写真では左側）を失った。

1号倉庫の北側ファサード。壁には窓や飾り破風がリズミカルに並び、単調さを感じさせない。

見晴らしのよい２号倉庫のバルコニー。

2号倉庫の内部。

特徴的な金具で吊られた内部の庫室扉（防火扉としての役割も果たした）。天井には波形鉄板が貼られている。

町の広場に生まれ変わった倉庫前の空間

海岸通りから横浜税関の角を北東に曲がると、急に視界が開け、海に一歩近づいた雰囲気になる。赤レンガ倉庫は、その先の、町の突端のような場所に建っている。

この建築は、もともと倉庫として建てられたもので、普通の町や人間のスケールをはるかに超えているけれど、デザインのおかげでまったく単調にみえることはない。リズミカルに並ぶ飾り破風は、巨大な倉庫を家並みのようにみせていて、二棟に挟まれた空間は、倉庫街というより町中の広場のようだ。バルコニーは広々としていて、海風が気持ちよい。

ところで、この二棟はかつての貨

２号倉庫の出入口。庇は円形を組み合わせた金具で支えられている。窓の下の黒褐色の煉瓦がデザイン上のアクセントになっている。

２号倉庫のｌ階扉の蝶番部分。ｌ階は壁の厚みがｌｍ以上あるので、扉周りでも奥行きが深い。

物線に沿って建てられている。海から岸に揚げられた荷物は、ここで積み替えられ、そのまま線路にのって運ばれていった。二号倉庫の北西だけは、角が隅切りされているが、その目の前には別の貨物線や通りが走っていた。その後、関東大震災で一号倉庫は約半分を失い、戦後には貨物線も周囲の他の倉庫も姿を消した。今は残されたこの二棟が、ここを本物の町の広場に変えている。

DATA

ｌ号倉庫：1913（大正２）年
２号倉庫：1911（明治44）年
設計：大蔵省臨時建築部（妻木頼黄）
住所：〒231-0001　神奈川県横浜市
　中区新港ｌ-ｌ
アクセス：みなとみらい線「馬車道駅」または
　「日本大通り駅」より徒歩約６分
横浜赤レンガ倉庫
営業時間：【ｌ号館】10:00〜19:00
　【２号館】11:00〜20:00
　＊一部店舗・スペースにより異なる

上／１号倉庫の階段室。波形鉄板の天井がみえる。この階段室は、当初は中央にスロープがあり、
左右に小さい階段が付けられていた。下／巻揚機。

2号倉庫の3階西端にみられる鉄骨のトラス小屋組。

no.2

日本郵船歴史博物館

往時の海運業の隆盛をしのばせる広々とした内部空間

1階の内観。柱は上部に卵鏃文様をもつドリス式。ゆるやかなカーブの梁が天井を支える。

風除室から内部をみたところ。天井は、組紐文様や花のモチーフで飾られている。

風除室の内部。扉の窓にみられる円形装飾は、船の窓を連想させる。

上／階段室の手すり。下／階段室の床。

南東側の階段室へ入る扉。扉の奥の階段室は、とても広々した明るい空間。

白い円柱の並ぶ壮麗な古典主義建築

近代建築のさまざまな西洋様式のうち、古代ギリシア神殿を起源に持つものを古典主義様式という。そのスタイルの建築の美しさが、もっともよくみえるのは、真正面から眺めるか、斜め横から近づいていくときではないだろうか。そうだとすると、この建築は絶好の場所に建っている。本町通りの交差点から海岸通りの方に目をやると、白い円柱が立ち並ぶ、堂々とした外観がみえる。海岸通りを歩いて行くと、列柱が整然と重なる、迫力のある姿が近づいてくる。

この建築は、日本郵船の横浜支店オフィスとして作られた。列柱の間の正面玄関を入っていくと、広々し

正面玄関まわり。上部の庇は、左右にあるＳ字型の持ち送りで支えられている。

正面のコリント式柱頭を屋内からみたところ。コリント式柱頭の植物はアカンサスをモチーフとするが、ここにみられるのはアカンサスの葉の構造にオリーブの葉を当てはめた形で、これも古代からみられる一般的なデザインである。

た執務空間が広がっている。内部には、斑紋の美しいドリス式の柱が並び立つ。天井を支える梁は、優美な装飾を施され、なだらかなカーブを描いていて、その内側に鉄筋コンクリートがあることを感じさせない。

DATA

竣工：1936（昭和11）年
設計：和田順顕建築事務所
住所：〒231-0002　神奈川県横浜市
　　　中区海岸通3-9　横浜郵船ビル
アクセス：みなとみらい線「馬車道駅」より徒歩２分
開館時間：10:00〜17:00（入館は16:30まで）
休館日：月（祝日の場合は翌平日）
　　　　年末年始・臨時休館日等

NIPPON YUSEN KAISHA

海岸通り沿いのファサード。コリント式
の大オーダーが立ち並ぶ。

no.3

旧横浜銀行本店別館（元第一銀行横浜支店）

古代の神殿を思わせる堂々たる円柱

正面を見上げたところ。この円柱は簡素なトスカナ式だが、コーニスは一般のトスカナ式より重厚な形に作られている。

道路拡張の際、４本の円柱が立つ半円部分だけが元々の場所から曳家（ひきや）され、後ろ側の本体部分は復元された。

正面玄関の扉。正方形の四辺は卵鏃文様で縁取られ、その内側の円形部分は蓮弁で飾られている。

1階内部。吹き抜けの広々した空間に、ドリス式の円柱が立ち並んでいる。

＊展示作品：松本秋則

町を見下ろすかのような半円形のバルコニー

建築のバルコニーは、たとえ人が居なくても、そこに誰かが居るときの視線を想像させる。この建築の半円形の大きなバルコニーは、建築そのものが、そこから町を眼下に見下ろしているようだ。その視線は、本町通りに沿ってまっすぐに横浜の中心地を向いている。この場所はY字の交差点にあたり、軒の重厚なコーニスが、二手に分かれていく通りの輪郭をくっきりとみせている。

バルコニーに立つ柱は、トスカナ式というもので、柱の初原的な形がよく残る形式である。古典主義の五つのオーダーの中で、トスカナ式はもっとも単純で太いが、この建築で

１階内部。柱の本体（柱身）は天井と同じ白色だが、柱の下部（柱礎と柱台）は腰壁と同じクリーム色。

上／天井の装飾。八角形と四角形を組み合わせた構成の中に、アカンサスなどの装飾が施されている。下／１階内部は、窓が高く明るい。

は標準のプロポーションより、さらにずんぐりとしている。この建築が建てられたのは、関東大震災のすぐあとだったので、そのために太くしたということもあるかもしれない。

ところで、銀行建築には古典主義のスタイルが多いけれど、これほど立派な独立した柱が作られた例はめずらしい。設計者の西村好時の著書『銀行建築』を読むと、彼は銀行建築のルーツを古代ギリシアの神殿に見ていたようだ。

DATA

竣工：1929（昭和４）年
（1995〈平成７〉年曳屋（ひきや）、
2003〈平成15〉年復元）
設計：清水組（西村好時）
住所：〒231-0005　神奈川県横浜市
中区本町６-50-１
アクセス：みなとみらい線
「馬車道駅」出口直結
開館時間：11:00〜22:00
休館日：無休（年末年始、臨時休館日を除く）

取材協力：BankART

no.4

神奈川県立歴史博物館（旧横浜正金銀行本店）

ドームをいただく威厳ある銀行建築

正面を見上げるとコリント柱頭、ペディメントなど密度の高いデザインが目に入る。２階窓にはイオニアの柱があるが、かつて玄関にドリスの柱もあった。

1階の喫茶室内観。スティール製の窓枠が今も使われている。

上／八角形ドームの各面には丸い窓が開けられている（屋上は通常非公開）。
下／南仲通り側の外壁。柱が立ち並ぶさまは、重厚で迫力がある。

正面玄関を見上げたところ。2階の窓を支える持ち送りには、ドリス式オーダーのトリグリフをアレンジしたユニークな形がみられる。

北東側の階段室（通常非公開）。階段手すりの黒い親柱は古典的なモチーフで飾られている。

金庫室のある地階は関東大震災の際に人々を守った

江戸時代にあった弁天社の参道に由来する弁天通と、開港のために新たに通された馬車道。二つの時代の通りがちょうど交差する地点に、この建築は建っている。明治時代には、ドームが遠くからもよくみえ、横浜の町のランドマークだった。

この建築は本格的な古典主義様式のもので、壁全体が装飾という装飾で覆い尽くされている。それも、ただ複雑なだけではない。三角形ペディメントやコリント式の柱といったモチーフは、まず正面ファサードに提示され、音楽の主題と変奏のように、少しずつ変形されながら建築全体へと展開されている。

右写真の金庫扉の取っ手部分。これは竹内金庫店製のもの。金庫の中は、現在は博物館の収蔵庫となっている。

地下の旧保護預品庫（通常非公開）。関東大震災時には、この金庫前の廊下に約340名が避難し、全員が生き延びたと記録されている。

横浜正金銀行として建てられた当初は、内部に天窓のある明るい吹き抜けの営業室があった。その大空間は関東大震災で失われてしまったが、地下の金庫室は、今も当初のまま残っている。

もともと横浜正金銀行だったときには、誰もが気軽に立ち入るようなところではなかった。今でもその前に立てば、そういった当時の社会におけるこの建築のあり方も、迫力ある外観から伝わってくるだろう。

DATA

竣工：1904（明治37）年
設計：妻木頼黄
住所：〒231-0006　神奈川県横浜市中区南仲通5-60
アクセス：みなとみらい線「馬車道駅」より徒歩1分
開館時間：9:30～17:00
休館日：月曜日、年末年始、資料整理休館日等

no.5

馬車道大津ビル

控えめながらも工芸品のようなたたずまい

玄関から内部をみたところ。扉周りの
緑色がタイルの色によく調和している。

馬車道と南仲通りの交差点の対角側からみたところ。角は斜めに隅切りされている。上部にアールデコ様式の装飾がある。

馬車道側の入口。

淡い色のタイルにアールデコの装飾が調和する

馬車道と南仲通りの交差点近くに、近代建築がまとまって建つ一角があり、その中にこの馬車道大津ビルも並んでいる。すらりとした四階建てで、乳白色の壁に、背の高い窓がきれいに配置されている。うっかりすると気づかず通り過ぎてしまいそうなくらいおとなしい姿だ。

壁の上部には、ほんの少し色の淡いタイルが、繊細な模様を描いている。馬車道に面した玄関では、扉の深い緑色とタイルの色がよく調和する。一つ一つは控えめだけれど、全体のたたずまいは、建築でありながら一つの工芸品のようだ。入口では、外壁より一段深い色のタイルがその

地階の部屋。ガラスブロックから光が差し込む明るい空間。

4階の廊下より、事務室内をみたところ。窓や扉のプロポーションも美しい。

まま奥の空間へと引き込んでいく。事務室の扉が並ぶ廊下では、静かな時間が感じられる。

この建築が建てられたとき、馬車道ではすでに三十年以上、横浜正金銀行本店（神奈川県立歴史博物館）（no.4）が圧倒的な存在感をみせていた。この馬車道大津ビルの斜めに隅切りされた壁は、ちょうど対角線上に建つ、横浜正金銀行の正面ファサードに正対している。その大作に、この建築は静かに向かい合っている。

DATA

竣工：1936（昭和11）年
設計：木下益治郎
住所：〒231-0006 横浜市中区南仲通4-43
アクセス：みなとみらい線「馬車道駅」より徒歩1分
内部は非公開

no.6

横浜銀行協会

白壁に淡褐色のテラコッタが映える

上／本町通り側の正面ファサード。白地の壁に薄褐色のテラコッタが映える。1階部分はアシンメトリーだが、車寄せと植栽とでほどよいバランスに。下／車寄せの柱にある植物装飾。THE BAYSの玄関上部の唐草模様と比較すると、こちらのほうがより自由にアレンジされている。

F・L・ライトの影響を思わせるデザインも

本町通り沿いの、海岸通りへと抜ける曲がり角に、大きなキューブが置かれたように建っている。正面ファサードは、上の方ではきっちりとした左右対称形だが、地面に近づくにつれて、シンメトリーがほどけるように、窓や車寄せが立体的に展開されていく。足元では、やわらかいカーブで通りから入口へと引き込まれ、花をつけた草が車寄せの柱をつたって伸びている。

横浜の官庁街である本町通りには、今でも古典主義の列柱のある銀行が

車寄せ屋根の側面もテラコッタの装飾で飾られる。水平ラインが強調された照明器具には、時代の好みが表れている。

上／側面（北西側）のファサード。三角形のテラコッタの装飾は、古代神殿のペディメントを思い起こさせる。下／正面玄関の車寄せのカーブ。

竣工：1936（昭和11）年
設計：大熊喜邦・林豪蔵
住所：〒231-0005　神奈川県横浜市中区本町3-28
アクセス：みなとみらい線「馬車道駅」より徒歩2分
内部は非公開

建ち並んでいる。一方、銀行関係者の集うこの建築は、そういった建築とは趣が違うけれど、柱の上のテラコッタの装飾を柱頭に見立てると、古典主義の列柱のイメージに重なりあってみえる。

白い壁に映える淡褐色のテラコッタは、他にもさまざまな建築を連想させる。正面ファサード上部の角には水平線が強調された装飾があるが、これと似た形は神奈川県庁本庁舎（no.8）の角にもみられ、同じ時代に生まれたことを伝えている。正面中央の上部の形は、仏教建築の塔の相輪（そうりん）を思い起こさせ、北西側のファサードでは、三角形のレリーフがはるか遠いギリシア神殿の面影をみせている。

上／正面ファサード西端にある六角形の窓。フランク・ロイド・ライトの建築を思わせるデザインである。
下／正面玄関の扉。帆船が描かれている。

column 1

ふたつの原風景

恩田 陸

たぶん、建築というものを初めて意識したのは、三歳から七歳まで住んでいた松本でだったと思う。松本、というと二つの建物が真っ先に頭に浮かぶからだ。

ひとつは松本城。

記憶の中の私は、一人で松本城を見上げている。それも、なぜか夜の松本城である。

松本城はコンパクトながら、とても美しくて品があり、密度の濃い雰囲気のお城で、私は魅入られたようにじっと松本城を見上げている。そして、お城のほうでも私を見下ろしている。私はお城にはっきりと人格を感じ、対話していたように思うのだ。

古い建造物にはそれぞれの人格が宿っているように感じられるものだが、

特に日本のお城――イコール天守閣には、今にも動き出しそうな意思みたいなものを強く感じる。日本で戦闘ロボットアニメが生まれたのは、天守閣のイメージが根っこにあるのではないかと思う。マジンガーZなんか、ほとんど天守閣を擬人化しているし。

その後も富山、秋田、仙台、水戸と住んだが、どこも城跡だけではあったものの、「そこにお城があった」という気配だけは濃厚に感じた（水戸の時などは、高校が城跡に建っていたので、通う度にどこかで「お城に通学している」と意識していたように思う）のだから、姫路城とか熊本城とか、あれだけ立派な天守閣のある城下町で育った人たちにとって、その存在がアイデンティティに決定的な影響を与えているのは想像に難くない。

松本でもうひとつ印象に残っているのは開智小学校だ。

雲ひとつない真っ青な空に、白い建物が輝いている。記憶の中の私は、やはりなぜか一人きりでぽつんと開智小学校の前に立ち、建物を見上げている。これまた美しい、どことなく和の気配を湛えた洋館。その佇まいは、ここが特別な場所であり、中に特別な時間が流れていると自然に思わせてくれた。私の洋館好き、建築好き、場所、地霊といったものに対する嗜好は、あの時から始まっている。

日本大通り・山下公園

no.7

no.21

エリア

no.7

横浜税関

港に顔を向けすらりと伸びるクイーンの塔

東側から見た外観。緑色の屋根の塔が、横浜三塔のクイーンの呼び名で知られているもの。ドームは、半球形の上に細い頂部が伸びた形で、イスラム建築の塔のものに似ている。軒はパルメットのモチーフの装飾で飾られている。

北東側の２号階段。階段の床や巾木は、砕いた石をモルタルで固めた、テラゾーという技法で仕上げられている。
これは石張りのような重厚さがあるが、もう少しやわらかい。

旧関長室。床は寄木張り。照明器具は、創建時の写真をもとに復元されたもの。

海岸通り側のファサード。正面のポーチは３つの半円アーチで、紐状の装飾が施される。この装飾は、スペイン南部のアルハンブラにもみられるような、ムーリッシュと呼ばれるスタイルのものに似ている。５階の窓は、ねじれ柱に支えられた３連アーチ。

西洋やオリエントの意匠を巧みに組み合わせたデザイン

港町である横浜には、町の中の顔のほかに海からみえる顔がある。晴れた日に海から町を眺めると、光を浴びながら建ち並ぶ建物の中に、横浜三塔で知られる、キング（no.8）、クイーン（no.7）、ジャック（no.9）の三つの塔がよくみえる。その三棟の中でこの横浜税関だけは、港に向かって正面を斜めに向けていて、体をやわらかく傾けるようなそのたたずまいは、やはりクイーンの名にふさわしい。

外観はクリーム色のタイルに、緑の屋根のすらっとした塔が特徴で、キングやジャックとくらべれば、全体的におとなしい。五階の窓にみら

上右／正面玄関ポーチの角。上左／正面玄関の上部。下／玄関ポーチの南西側。右手にはねじれ柱がみえる。

れる三連アーチやねじれ柱、パルメット〔シュロの葉をかたどった文様〕をモチーフとする軒の装飾が外壁のアクセントになっていて、玄関周りには柱頭が反転カーブした太い柱がペアで並んでいる。外観にはこういった、西洋からオリエントまでのデザインが組み合わせられているが、さらに内部には、日本風の意匠も多くみられる。

DATA

竣工：1934（昭和９）年
設計：大蔵省営繕管財局工務部
住所：〒231-0002　神奈川県横浜市中区海岸通１-１
アクセス：みなとみらい線「日本大通り駅」より徒歩１分

旧貴賓室。天井は日本の伝統的な格天井のようなデザイン。照明器具は、創建時の写真をもとに復元されたもの。

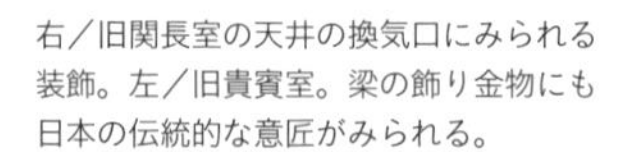

右／旧関長室の天井の換気口にみられる装飾。左／旧貴賓室。梁の飾り金物にも日本の伝統的な意匠がみられる。

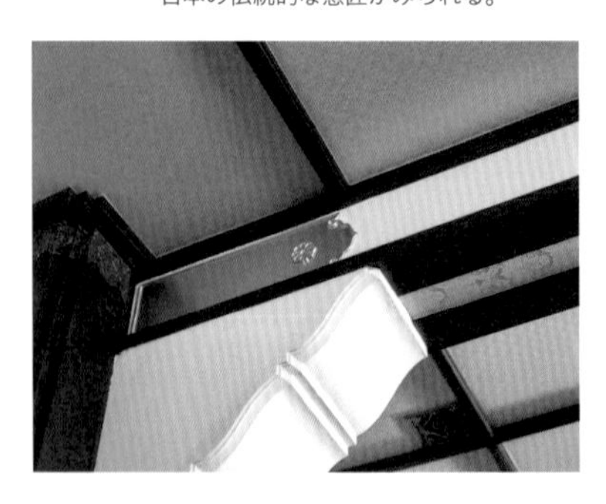

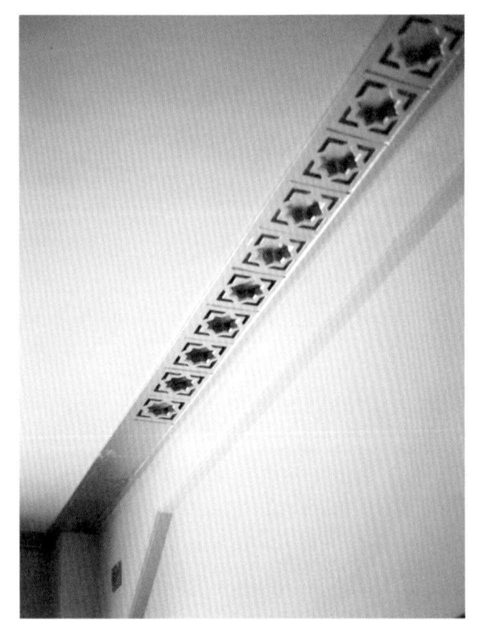

南側の1号階段のホール。かつてはエレベータホールでもあったため少し広い。創建時には、左手にみえる2箇所の入口に2基のエレベータがあった。高さ2mの腰壁は、床と同様のテラゾーという技法で作られている。

階段室の床。テラゾーと真鍮目地によるアールデコ調の装飾がある。このデザインに似たものは、南側の1号玄関の風除室の床にもみられる。

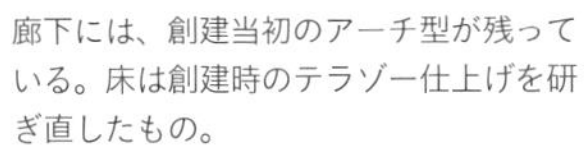

廊下には、創建当初のアーチ型が残っている。床は創建時のテラゾー仕上げを研ぎ直したもの。

no.8

神奈川県庁本庁舎

威厳と風格あふれる昭和初期の庁舎建築

玄関ホール。梁と柱の接合部は仏教建築
にみられる組物のような形をしている。
コンクリートの梁の筋模様とも相まって、
お寺の内部空間のような雰囲気だ。

南東側の正面入口。２階から上の窓は柱が縦に貫いていて、古典主義建築の大オーダーのようにみえる。

上／正庁の窓。下／エレベータの表示盤。直線と曲線を幾何学的に組み合わせたデザインには、設計当時の流行がみられる。

塔屋。水平線を強調したテラコッタの形には、フランク・ロイド・ライトの影響がみられる。細かい縦筋が入ったタイルは、光によって反射が変わり、建物の表情に繊細な変化を与える。

キングの名にふさわしい王冠をいただく

この建築は、日本大通りと本町通りに面していて、ちょうど横浜の町の中心に位置している。どちらの通りからも、中央に堂々とみえる塔屋はキングの王冠のようだ。深みのある茶色の壁やごつごつした細部の形からは、威厳が感じられる。ドリス式やイオニア式といった具体的なデザインはないが、正面の構えや壁面の窓の配置には、古典主義建築の構成の名残が表れている。

この建築は昭和初期に建てられた、機能的な庁舎建築だが、内部の天井からは、時代とともに姿を消していった空間の雰囲気を感じることができる。たとえば、玄関ホールは、構

上右／4階の正庁前の廊下の壁にある、陶製タイルの「宝相華」（唐草文様の一種）。上左／正庁の天井と照明器具。下／玄関ホールの梁を見上げたところ。幾何学的なアールデコの装飾が施されている。

成だけ見れば太い柱が林立する単純な空間だが、梁と柱の接合部は仏教建築にみられるような組物の形にかたどられ、コンクリートの梁に筋模様が入れられることで、お寺の内部を思い起こさせる。正庁や旧貴賓室（現・第三応接室）の天井では、格間の繊細な装飾やシャンデリアが格式を示している。

DATA

竣工：1928（昭和3）年
設計：小尾嘉郎
住所：〒231-8588 神奈川県横浜市
中区日本大通1
アクセス：みなとみらい線
「日本大通り駅」県庁口出口よりすぐ

上／玄関ホールの照明。創建してから後年につけた。下右／正庁の室内側の扉。この正庁は、創建時には昭和天皇、皇后の御真影を奉拝するための部屋だった。この扉の左手に、御真影を奉る奉安殿があった。下左／４階の床面。

天井に斜めの梁形（はりがた）が見られる廊下。

本町通りとみなと大通りの交差点からみたところ。角に時計塔を立てている。屋根も壁面も、数多くの装飾でにぎやかに飾られている。

no.9

横浜市開港記念会館

自由な装飾が若々しい横浜のランドマーク

２階の広間。このアーチ型は関東大震災後の補強で、もともとはコリント式の柱が立っていた。
左の壁の向こう側に講堂がある。

みなと大通りに面した南側入口の玄関ホール。奥に南側の階段がみえる。

南側の玄関ホールから階段をみたところ。

南側の階段室にある「ポーハタン号」を描いたステンドグラス。関東大震災後につくられたものだが、創建時のデザインに基づいて描かれている。

市民から寄付を募り設計コンペで建てられた

横浜三塔のジャックとして知られるこの建築は、たしかに見かけは三つの中でもっとも若々しい。壁は赤いレンガと白い花崗岩がはっきりしたコントラストをみせ、塔があるのにドームまである。その上、どこをみても、さまざまな形の装飾で埋め尽くされ、全身がエネルギーではち切れそうだ。ひとつひとつの装飾は西洋の古典的なモチーフだが、並べ方をみると、理詰めで隙がない旧横浜正金銀行（神奈川県立歴史博物館）（no.4）とは違い、もっと自由で、規則にとらわれすぎていない。

この建築は開港五十年を記念して、建設費は市民から寄付を募り、その

南側からみたところ。南隅には八角ドームがあり、その1階は出入口で2階は貴賓室。

上／南側の玄関ホールの天井。下／1階広間を見上げたところ。イオニア式柱頭の渦巻きが斜めに出ていて立体感がある。

ころまだめずらしかった設計コンペでつくられた。現在の町中でも、際立って目立つ姿からは、当時の横浜商人の勢いが伝わってくる。

この同じ場所には、明治の終わり頃まで、時計塔のある町会所が建っていた。今の開港記念会館の塔は、焼失したその町会所の面影もみせている。それは、この町がさらにもっと若かったときのこの場所の風景だ。

DATA

竣工：1917（大正6）年
設計：コンペ当選案は福田重義。
　　実施設計は山田七五郎・横浜市営繕
住所：〒231-0005　神奈川県横浜市
　　中区本町1-6
アクセス：みなとみらい線
　　「日本大通り駅」より徒歩1分
開館時間：10:00〜15:00（当面の間）
＊詳細はHP等を確認のこと

no.10

横浜貿易会館

海岸通りの交差点に建つレトロな昭和初期のビル

海岸通りが折れ曲がった交差点からみたところ。斜めの面の3階の窓だけに庇と窓台が付いている。

SCANDIA
公益社団法人 横浜貿易協

上／３階の北東の部屋。作り付けの棚は小建築のように作られ、古典主義建築のトリグリフのような装飾も付いている。
下／３階の廊下と執務室の床（写真奥）は寄せ木、執務室の床（写真手前）はテラゾーで作られている。

3階の南側の角部屋。交差点に面した窓の内側にこの空間がある。家具からも歴史を感じさせられる。

3階では建築の細長い形に沿って廊下がつづいている。天井の高い広々した空間に、やわらかい光が差し込んでいる。

内部にはタイムスリップしたかのような空間が広がる

大桟橋に近づいたところで、海岸通りは港の方へ曲がっていくが、この建築はちょうどその角で、通りと一緒に折れ曲がるような形で建っている。交差点から見ると、隣の海洋会横浜会館（no.11）と高さが揃っていて、一体の細長い壁が横たわっているような姿だ。この一帯には、昭和初期に建てられた、エクスプレスビル、海洋会横浜会館、昭和ビル（no.12）がまとまって並び、今も当時の雰囲気が失われていない。

これらの建築の中でも、この横浜貿易会館は、とりわけ町と親密な関

階段は美しいカーブを描いている。

北東の部屋の、交差点側の窓。柱は上の方が太いが、この形には構造的な強度を上げる効果がある。

係を結んでいるようだ。交差点と広場が連続して広がっているが、この角に面した三階の窓は、そこが広場を眺める特別な場所であるかのように、小さな庇と窓台を付けている。
　内部には、今の時代とは思えないほど豊かな空間が残っている。現在も事務所として使われている三階では、細長い建築の形に沿って広々とした廊下がつづき、海が近くに感じられる。

DATA

竣工：1929（昭和４）年
設計：大倉土木
住所：〒231-0002　神奈川県横浜市
　　　中区海岸通１-１
アクセス：みなとみらい線
　　　　「日本大通り駅」より徒歩２分
内部は非公開

no.11

海洋会横浜会館

スクラッチタイルの外壁と縁取りがスタイリッシュ

正面ファサードはシンメトリーで、中央に堂々とした玄関を設けている。屋上からは海が一望できる。

海洋
赤レンガ倉庫
山下公園
Antiques
Yantra
bunai
niki toto
海洋会横浜支部

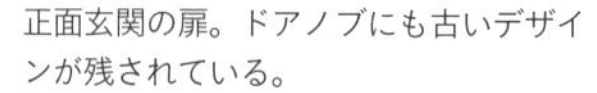

正面玄関の扉。ドアノブにも古いデザインが残されている。

入口を入ったところにあるガラスブロックの壁。

パウル・クレーの絵画を思わせるタイルのグラデーション

海岸通りから象の鼻パークへとつづく一帯は、もっとも横浜らしい雰囲気が感じられる場所の一つだろう。この海洋会横浜会館が建っているのは、象の鼻パークの入口に並ぶところで、町中なのに潮風が海から直接吹き抜けている。

　この建築は三階建てで、ファサード全体は、大きな額縁で縁取りされている。壁面にはくすんだ色のタイルが貼られ、パウル・クレーの絵画のような淡いグラデーションをみせている。横に整列した窓は、一つ一つていねいに割り付けられ、縁取りで長くつなげられている。ペントハウスまでもが縁で囲まれていて、実

上／階段室の壁。下／階段を見下ろしたところ。

正面ファサードを見上げたところ。外壁のタイルは、表面に縦の筋が入った、スクラッチタイルと呼ばれるもの。

直でおおらかな雰囲気だ。実はこの建築は一階の床の高さが、周りの建築より少し高い。正面玄関が堂々としてみえるのは、そのせいもあるかもしれない。

内部は、中央に階段があり、その両側に一つずつ部屋があるという、とても単純な構成だ。小さい建築だが、広くて明るい廊下からは余裕が感じられる。室内の窓からは海が目の前にみえる。

DATA

竣工：1929（昭和４）年
設計：大倉土木
住所：〒231-0002　神奈川県横浜市中区海岸通１-１
アクセス：みなとみらい線「日本大通り駅」より徒歩２分
内部は非公開

no.12

昭和ビル

シンメトリーの構成が魅力の味わいのあるビル

海岸通りに面したファサード。中央部分の柱が並ぶ構成は、神奈川県庁舎の正面にも似ている。

向かって右側の入口。同じ入口が建築の左端にもあり、建築全体でみると左右対称になっている。

階段室の明かり取りの窓。鉄製グリルのデザインが美しい。

小さいながらも手の込んだディテールがあちこちに

日本大通りの北東側のつきあたりに並ぶ昭和初期の建築群の中で、昭和ビルは少し離れたところに建っている。この建築は、もともと同じ形が、双子のようにつながっていた二棟の片割れだ。もう一棟があった右側の場所は、現在、象の鼻パークへとつながる入口になっている。

すぐ隣の海洋会横浜会館（no.11）では、窓が横につながっていたのに対し、この建築は窓が縦に割り付けられている。この表情は、神奈川県庁本庁舎（no.8）の正面にも近い。

小さい建築なのに、外から上がる階段が、建築の左右に一つずつつい

上／壁には正方形の布目タイルが貼られている。下／左手に昭和ビル、右には海洋会横浜会館（no.11）と横浜貿易会館（no.10）が並び建つ。昭和ビルと海洋会館の間から象の鼻パークへ抜けられる。

階段室。壁の布目タイルは、光が当たると独特の輝きをみせる。

ている。その階段の入口の構えは左右対称ではないが、実はこれは両側の階段をあわせてみると建築全体ではシンメトリーになっている。設計者の川崎鉄三は、こういった手の込んだデザインをした建築家だった。内部にも鉄製のグリル装飾や、階段の親柱の渦巻に特徴的な形がみられ、どれも直線的な中にひねりがある。すぐ近くのエクスプレスビルや水町通りのインペリアルビル（no.18）も、同じ川崎の設計によるものである。

DATA

竣工：1931（昭和６）年
設計：川崎鉄三
住所：〒231－0002　神奈川県横浜市中区海岸通１-１
アクセス：みなとみらい線「日本大通り駅」より徒歩２分

no.13

横浜開港資料館旧館

開港のシンボルの木の前に建つ元英国総領事館

日本大通りに面した、西側ファサード。全体はイギリスの18世紀の邸宅風のスタイルだが、コーニスという水平材が、建築上部の軒だけでなく丸窓の下にもみられる。

中庭側の入口はコリント式の円柱が立ち、迫力がある。上部のヴォールト天井の装飾や要石は凱旋門を思い起こさせる。

1階内部の廊下。壁には布目タイルが貼られている。

ペリー来航の図にも描かれた玉楠の木は、関東大震災で燃えたが、その根から再び豊かな緑を茂らせている。

古代ローマの凱旋門を彷彿させる威厳のある入口

かつてペリーが横浜を訪れたとき、その傍らにあった玉楠（たまくす）の木は、今でもその根を地に張っている。横浜開港資料館の旧館と新館は、その木を守るように、中庭をとり囲んで建っている。

旧館は、もともと英国総領事館だったもので、その上品なたたずまいはイギリスの邸宅を思わせる。とはいえ、中庭側の玄関に立つコリント式の円柱は、住宅には似つかわしくないほどの迫力だ。その上に架かるヴォールト天井からは、古代ローマの凱旋門を思い起こさせられ、隠れていた尊大さがちらりと顔を出しているように感じられる。実は、古代

英国の紋章。当初は入口上部の櫛形ペディメントに飾られていたが、今は記念室に置かれている。

入口の扉。窓枠や鎧戸も、この扉と同じ色でそろえられている。

ローマの凱旋門のイメージは、この建築全体のシルエットからもおぼろげに暗示されている。二段のコーニス〔軒の水平材〕の構成やプロポーションが、ちょうど凱旋門のものと重なりあうからだ。

この入口は、今はこの小さな中庭を向いているけれど、新館が建つ前はそのまま海岸通りに向かって開かれていた。だが、この凱旋門のイメージは、さらにその通りを越えて、ペリーが上陸した海のはるか先へと向けられていたのかもしれない。

DATA

竣工：1931（昭和６）年
設計：英国工務省
住所：〒231-0021　神奈川県横浜市
　　　中区日本大通３
アクセス：みなとみらい線
　　　「日本大通り駅」より徒歩２分
開館時間：９:30〜17:00
　　　（入館は16:30まで）
休館日：月（祝日の場合は翌平日）、
　　　年末年始・臨時休館日等

北側から塔を見上げたところ。屋根を支える小さな持ち送りが並んでいる。

no.14

横浜海岸教会

青空を背にした塔のシルエットが美しい

椅子の背にもゴシックのデザインがみられる。

上／葡萄をモチーフとした装飾。下／説教台のある正面の見上げ。正面中央のアーチは平たく直線的な形。アーチを支える柱の柱頭の葉には写実的な表現がみられる。

教会内部、西側を見たところ。

印象的なアーチが繰り返される内部空間

幕末以来、横浜の港からさまざまな西洋文化が入ってきたが、この教会は、その入口である大桟橋の真正面にある。今と同じこの土地に、最初にキリスト教の小さな会堂が建てられたのは、明治初めのことだった。

現在の建築は、関東大震災の後に雪野元吉の設計で建てられたもので、正面ファサードにも塔にも、先の尖った細長い窓が並べられた、ゴシック風のデザインだ。細長い塔は、シルエットのすそがカーブしていて、雪野が旅したという北ヨーロッパの風景も思い起こさせられる。

内部は二階席まである広々した空間で、正面は大きなアーチ型が説教

北東側からみたところ。塔の下部のカーブには、北方ヨーロッパの建築の雰囲気がある。

牧師室の入口扉。このアーチも説教台上部のように直線的な形をもつ。

台を囲んでいる。このアーチは、少し平たい特徴的な尖頭形で、同じ形は牧師室の入口扉にも繰り返されている。正面のアーチを支える柱頭の葉先や、壁の浮き彫りの葡萄にみられる写実的な表現からは、設計者のデッサン力がうかがえる。

DATA

竣工：1933（昭和８）年
設計：雪野元吉
住所：〒231-0021　神奈川県横浜市
　中区日本大通８
アクセス：みなとみらい線
　「日本大通り駅」より徒歩３分
礼拝堂一般公開：毎月第３金曜日10:00〜15:00

no.15

横浜都市発展記念館

チョコレート色の外壁がモダンな逓信建築

上／交差点からみたところ。立面全体は白い水平線を挟む２層構成で、上は複数の階を貫く柱型を持ち、下はアーチ型の窓が並ぶ。下／壁面のタイルは、光の反射による光沢が美しい。１階のアーチでは白いキーストーンと迫石がアクセントになっている。

横浜の町の中心地、本町通りでも特に往来の盛んな交差点の前に、静かに建っている。この建築はもともと、横浜市外電話局として建てられた。派手さはないけれど、壁のタイルの深い色は、光が当たると鉱物のように鈍く輝き、緑がよく映える。

壁には白い水平線があって、その下はアーチ型のある一階、その上の二階から四階は薄い柱の形が並ぶという、二層の構成になっている。こういった構成は、古典主義建築にもあったもので、モダニズムのファサードに何世代も前の祖先の姿が潜んでいるようだ。すぐ近くの旧露亜銀行（no.16）にもみられるので、交差点に立って見比べれば、一見まったく印象の違うこの二つの建築が、実は同じ遺伝子を受け継いでいることがわかるだろう。

DATA

竣竣工：1929（昭和４）年
設計：逓信省（中山広吉）
住所：〒231-0021　神奈川県横浜市
　　　中区日本大通12
アクセス：みなとみらい線
　　　「日本大通り駅」よりすぐ
開館時間：９:30〜16:30（入館は16：00まで）
休館日：月休（祝日の場合は翌平日）、
　　　年末年始等

南東側の隅にはかわいらしい時計がある。窓は大きさや形がさまざまだが、
どれも正方形で割り付けられているので、整ってみえる。

no.16

ラ・バンク・ド・ロア（旧露亜銀行横浜支店）

古典主義建築が生み出す光と影のコントラスト

立面全体は、基壇と円柱の２層構成。円柱のイオニア式柱頭は、渦巻きが斜め前方に突出した形で、立体感がある。

la banque du Lo

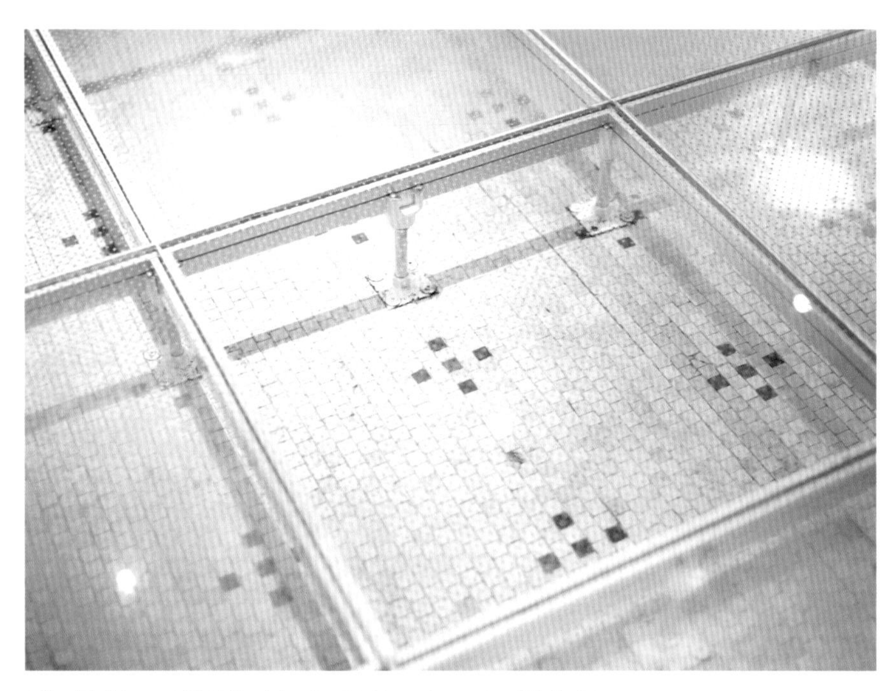

1階に保存されている銀行時代の金庫の床。白と黒のモザイクによる装飾がみられる。

現在は結婚式場として利用されている重厚な元銀行

強い日差しは、建築の表面に、光と影によって新たな模様を描き出していく。この建築は古典主義建築としても特に凹凸が激しいため、その効果はとりわけ際立って表れる。正面のイオニア式の円柱はくっきりと浮き出し、二階の窓の庇はその下に深い影を作り出している。壁は中央だけ奥に後退していて、庇も大ぶりなキーストーンで支えられ、大きく飛び出している。さらに柱や壁や庇だけでなく、イオニアの渦巻きのディテールまでもが、彫りを深く見せるために一工夫されていて、それらすべてのはたらきで、真夏の日には、建築全体が強烈なコントラストで彩

1階から2階へと上がる南側の階段。この階段室も当初の空間がよく残っている。

マントルピースの持ち送り。装飾を排した美しい造形で、ミケランジェロによるメディチ邸《跪座の窓》を思わせる。

られる。それでも、決してとげとげしい感じはなく、あくまでもやわらかい印象なのは、建築の角や庇が丸みを帯びているからだ。

正面玄関を入ると、すぐに堂々とした階段で二階に上がれ、そこが露亜銀行として建てられた当初のメインフロアだった。銀行の金庫は一階にあったので、外からみえる、一階の堅牢な壁と二階以上の円柱という二層構成は、内部空間の性格にも対応している。

DATA

竣工：1921（大正10）年
設計：バーノード・M・ウォード
住所：〒231-0023　神奈川県横浜市
中区山下町280-1
アクセス：みなとみらい線
「日本大通り駅」より徒歩3分
営業時間：平日12:00〜18:00
土日祝10:00〜20:00
月・火休（祝日除く）

当初営業室だったと考えられる2階。天井が高く広々とした空間。奥にはマントルピースがみえる。

正面階段からの見上げ。堂々とした階段で上った先は、天窓からの光が明るいメインフロアとなっている。

no.17

旧横浜居留地48番館

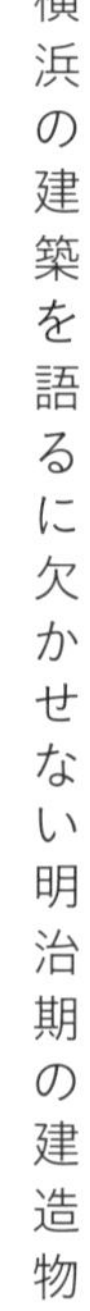

横浜の建築を語るに欠かせない明治期の建造物

窓から室内をみたところ。フランス積みのレンガ壁がみえる。

横浜市内に現存する最古のレンガ造建築で、当初は写真右手（西側）の道路の上にも建築が続いていた。

劇場の脇にたたずむ時空からはみ出したような建築

現在の横浜の地面の下には、戦災や関東大震災より前の古い町の記憶が、痕跡とともに眠っている。神奈川芸術劇場の脇に建っているのは、その古い町、明治時代の外国人居留地の建築だ。そのころこのあたりには、今とは別の通りや小道が走っていた。この建築は、関東大震災を生き延びたあと、新たな道を通すため西側を切り取られ、今と昔の街区が重なる部分だけ、別の時空からはみ出したように残っている。

明治時代の銅版画に描かれた姿では、二階建ての横に長い建築で、華奢な手摺りのベランダが二階に張り出していた。現在の建築からは、そ

上／入口上部には「48」と書かれたキーストーンがあり、『日本繪入商人録』（明治19年）の銅版画にも同じ形が描かれている。下／玄関の橋石は、推定される当初の形に復原されている。

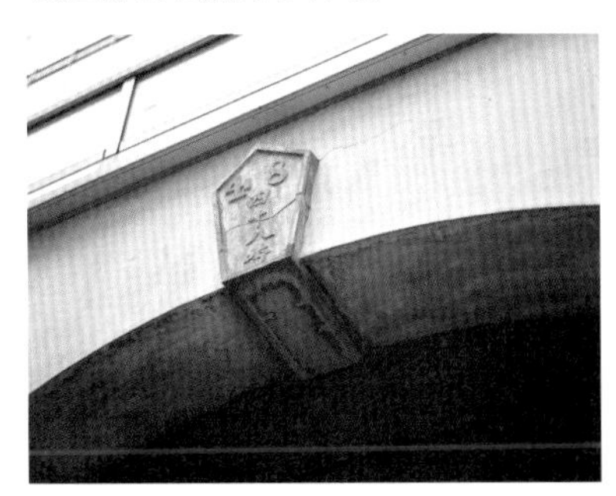

西側。この壁はもともとは外壁ではなく、屋内の部屋境の壁だった。

の様子はほとんどわからないけれど、入口の上にある装飾は、たしかに絵の中の姿と同じだ。もともとはモリソン商会という貿易商社だった。かつてこの入口に足を踏み入れた人は、私たちとは別のことばで話していただろう。内部をのぞき込むと、窓や梁のゆるやかなカーブが部屋の名残をかすかにみせている。

DATA

竣工：1883（明治16）年
設計：不詳
住所：〒231-0023　神奈川県横浜市
中区山下町54
アクセス：みなとみらい線
「日本大通り駅」より徒歩３分
外からのみ見学可

no.18

インペリアルビル

横浜の古い時間を丁寧に守り続ける

階段の手摺りには、矩形と星形を組み合わせたようなデザインがみられる。

1階の受付カウンター。腰壁のデザインはこの時代の流行でもあるが、
同じ設計者による昭和ビル（no.12）の鉄製グリル（p.082）にも似ている。

階段から玄関ホールを見下ろしたところ。床には赤褐色、黄色、緑色、藤色のタイルが敷き詰められている。

階段の踊り場。広々してゆとりがある。

2階の24号室の室内のバスルームの扉。
2階はすべての居室に、バスとトイレが
備え付けられていた。

もともとは外国人専用アパートメントとして建てられた

水町通りに建つこの建築の外観は、どちらかというと禁欲的な雰囲気だ。二階から四階までは、飾り気のない水平の窓が、横に伸びている。こういったデザインは現在の私たちには見慣れた形だが、この建築ができた当時の横浜では、かなり斬新なものだった。ファサードの東端は、横に伸びた面がそのまま回り込むような形でバルコニーがつくられている。いまは向かい側の建物が見えるだけだが、昔は海まで見通せていた。

一方、一階のガラス扉の向こう側には、外観とは違う別の世界がある。玄関の床は、赤褐色、黄色、緑色、藤色のタイルが一面に敷き詰められ、天井は高い。広々とした階段を上が

階段を見下ろしたところ。踊り場も階段の幅も、ゆったりとしている。手すりの上面は木で作られ、あたたかみがある。

ると、かつて外国人専用のアパートメントだった部屋が、廊下の両側に並んでいる。時の流れは町の風景を変え、風景の意味さえ変えてしまうけれど、この建築の内部には、古い時間を感じさせる空間が、丁寧に守られている。

設計者の川崎鉄三は横浜でいくつもの建築を手がけたが、この建築は、その中でも彼のデザインが結集している。一階の外壁にみられるＬ字型は、エクスプレスビルのファサードを、玄関の受付カウンターは、昭和ビルの鉄製グリルを思い出させる。

DATA

竣工：1930（昭和５）年
設計：川崎鉄三
住所：〒231-0023　神奈川県横浜市中区山下町25-2
アクセス：みなとみらい線「日本大通り駅」より徒歩６分

２階の24号室の室内。室内を仕切る引戸の上には、欄間のようなガラスの小壁がある。
窓にはスティールのサッシが残されている。

水町通りに面したファサード。２階以上はすっきりとした水平窓だが、
１階の壁はそれより少し後退していて変化に富んだデザインである。

no.19

旧英国七番館（戸田平和記念館）

往時の賑わいを感じさせる元イギリス商館

右／海岸通りに面したファサード。1階は中央に玄関と階段、2階は左右に出窓を持ち、シンメトリーだが立体感に富んでいる。下／正面左手にある、No.7と記された柱。これは古典主義様式の刳型（くりがた）を持つ形で作られている。

かつての海岸通りには外国人のクラブや商館がずらりと並んでいたが、この旧英国七番館は、その景観が消えてしまったあとに一つぽつんと残っている。

もともとはイギリスの汽船会社のために建てられたもので、小さいけれど華やかな建築だ。赤いレンガ色の壁に、大きな出窓が二つも開いている。窓の輪郭や玄関の柱からは古典的な雰囲気が感じられる一方で、ドリス式柱頭に付けられた小さな正方形は、建築当時らしいアレンジだ。立体感のあるファサードは、近づくごとに見え方を変え、散策する人を楽しませている。正面玄関には堂々とした階段を構えていて、その昔、同じ海岸通りにあったクラブやホテルと並んでいても、ひけをとることはなかっただろう。

DATA

竣工：1922（大正11）年
設計：不詳
住所：〒231-0023　神奈川県横浜市
中区山下町7－1
アクセス：みなとみらい線
「元町・中華街駅」より徒歩3分
内部は非公開

2階の出窓は、アカンサスの葉で飾られた持ち送りで支えられている。
窓の輪郭は楣（まぐさ）がかたどられ、古典的な雰囲気が感じられる。

控えめで品の良い正面ファサード。玄関部分だけ、壁が少し前に出ていて、模様のない円形の装飾で飾られている。

no.20

ホテルニューグランド

関東大震災後からの復興のシンボルとなった老舗ホテル

フェニックスルーム。仏教建築の組物や花頭窓、御殿のような小組格天井といった、東洋風の装飾で飾られている。

東の角には開業年 1927 が記されている。壁面は、基壇の1階、主要階の2階、客室の3・4階の、3層構成。

本館２階ザ・ロビーへあがる大階段。建物内部は東洋風の装飾が多く、エレベータ上には綴織の「天女奏楽之図」が張られている。

西洋の古典主義と東洋の意匠が融合した優雅なデザイン

　この建築は、海岸通りの並木の前、海に向かって建っている。白い淡色の外観で、東の角にアールデコ調の年号がある以外には、目立った装飾はない。ただ、壁の色やテクスチャーの微妙な違いの中には、遠いフィレンツェの街角が見え隠れしているようだ。たとえば、三層の壁はメディチ家のパラッツォを、正面玄関の上部の丸い形は初期ルネサンスの代表作《捨て子養育院》を思い起こさせる。フィレンツェでは、この丸い形は子供や花で飾られていたけれど、このホテルニューグランドでは具体的なモチーフはない。その代わり、やわらかい曲面がさまざまな陰影を

上右／本館２階ザ・ロビーにおかれた横浜家具の椅子。上左／レインボーボールルーム。虹のようなカーブを描く天井には、美しい漆喰細工の雲が幻想的にたなびいている。右／レインボーボールルーム入口上部の持ち送り。西洋の古典主義と仏教建築の装飾を融合したようなデザイン。

生みだし、光によってうつろう姿そのものが装飾となっている。

このホテルは、関東大震災で大きな打撃を受けた横浜の町の復興を祈願してつくられた。目の前にある山下公園は、震災の瓦礫を埋めてつくられたものだ。ホテルは今でも不死鳥フェニックスをシンボルとしている。そして建築のファサードからは、ルネサンス――再生のイメージが、うっすらと浮かび上がっている。

DATA

竣工：1927（昭和２）年
設計：渡辺仁
住所：〒231-8520　神奈川県横浜市中区山下町10
アクセス：みなとみらい線「元町・中華街駅」１番出口より徒歩１分

no.21

THE BAYS / ザ・ベイス(旧日本綿花横浜支店事務所)

緑の向こうに見え隠れする端正な素顔

外観はタイルと装飾のバランスが良く、
緑によくなじむ。アーチが連なる軒の装
飾はロンバルド帯風だが、円形と組み合
わさり初期ルネサンスの建築も連想させ
る。

上右／THE BAYS（右）と南東側の隣の建築（左）との接続部分に鉄骨の屋根が架けられている。左／南西側から見たところ。THE BAYS（左）は、もともと日綿横浜支店の事務所として、倉庫（右）と同時に建てられた。下右／内部1階の階段室入口の持ち送り。

DATA

竣工：1928（昭和3）年
設計：渡辺建築事務所（渡辺節）
住所：〒231-0021　神奈川県横浜市中区日本大通34
アクセス：みなとみらい線「日本大通り駅」より徒歩4分
営業時間：内部は各階・店舗により異なるため、事前にHPを確認のこと

秋が深まり街路樹が少しずつ葉を落としていくと、町の建築は次第に本当の顔を見せはじめる。この建築（横浜DeNAベイスターズが運営する複合施設）も、その姿が楽しみなものの一つだ。

日本大通りの街路樹越しにみると、ざらざらしたタイルの外壁に縦長の深い窓がくっきりと開いている。その窓は左右両端だけさりげなく引き離されていて、ただ単純に並んでいるのではない。緑の向こうには、単調ではない端正な素顔が隠れている。

細部の装飾には、設計者の幅広い教養と、どんなデザインも自在に使いこなす力量がみてとれる。正面玄関のペガサスや軒のロンバルド帯風装飾など、さまざまな様式のものがみられるけれど、どれもこの建築のために、新たな命を吹き込まれたものだ。上部の角ではレリーフのかわいい鳥が羽を休めている。すぐ目の前には横浜公園が広がっている。

正面玄関周りの装飾は、どれもディテールがすばらしい。入口脇のＳ字持ち送りの葉は、踊るように広がっている。

column 2

リノベーションびいき

恩田 陸

「元銀行にハズレなし」という格言（?）には、建築好きなら同意してもらえるのではないだろうか。

そもそも、古い建造物をリノベーションしたものには面白いものが多いと思う。むろん、リノベーションしたい、残したい、と思うような建物だからこそ結果として面白いのかもしれないが。発電所をリノベしたロンドンのテート・モダン、大病院をリノベしたサンティアゴ・デ・コンポステーラ（スペイン）のホテルなど、海外でもそういう場所を訪れると気分がアガった。

そういえば、ヨーロッパには給水塔をリノベして住宅にするマニアがいると聞いたことがある。カニグズバーグの児童文学『クローディアの秘密』を読んで、メトロポリタン美術館に住みたい、と思った人も潜在的にかなりの数にのぼると思う。

創業時のかつての記憶が受け継がれている建物には、強い存在感がある。銭湯をギャラリーやカフェにする、廃駅を温泉施設にする、小学校や刑務所をホテルにする。元々パブリックな場所だったのだから、磁力は残り、人々を惹き付ける。そんな中でも、日本では特別堅牢に造られた「元銀行」の建物が最強だと思う。今はもうホテルではなくなってしまったけど、函館のホテルニューハコダテ、鎌倉や神戸のそのものズバリ「BANK」という名のバーやカフェは、今でもその重厚な内装が思い出せる。

そして、もちろん横浜にも「元銀行」の素晴らしい建物が多い。博物館や結婚式場など、そこここに「元銀行」が活用されている。第一銀行をリノベしたギャラリーを拠点のひとつにした横浜トリエンナーレでは、文字通り「BANK ART」の名称が長く使われているし。最近、何かの雑誌で「元銀行」をリノベして住んでいるという人の話を見かけた。私だったら、元銀行をいったん何かにリノベした建物を、更に個人住宅にリノベして住みたい。

関内・桜木町

no.22

no.24

エリア

no.22

横浜指路教会

ヘボンとの繋がりのある歴史の古い教会

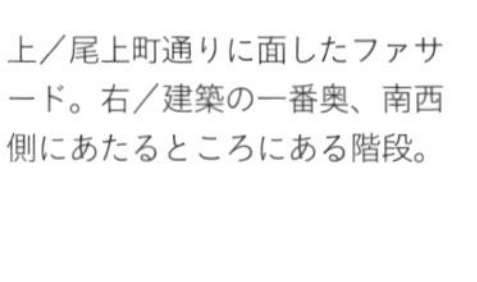
上／尾上町通りに面したファサード。右／建築の一番奥、南西側にあたるところにある階段。

中世ヨーロッパの大聖堂は、都市にそびえるように建っていたけれど、このゴシックスタイルの教会は、町にひっそりと建っている。外観は尖頭アーチやバラ窓で飾られ、パリのノートル＝ダム大聖堂を小さくしたような姿だ。向かって左側にだけ塔があるが、周囲のビルの方がはるかに高い。町に埋もれそうな様子は、絵本の『ちいさいおうち』を思い出させる。

この教会は横浜でも歴史が古いものの一つで、この場所に前身の教会がレンガ造で建てられたのは、明治二五年のことだった。そのころは、周囲の風景も今とはまるで違っていた。今と同じように左側に立っていた塔は、遠くからもよくみえただろう。関東大震災で壊れたあと、現在の新しい教会に建て直されたが、シルエットには、かつての面影が残されている。

DATA

竣工：1926（大正15）年
設計：竹中工務店
住所：〒231-0015　神奈川県横浜市中区尾上町6-85
アクセス：JR・市営地下鉄線「関内」駅より徒歩4分

吹き抜けの広々とした礼拝室。正面に大きな尖頭アーチを構える構成には、震災前のレンガ造の教会堂内部の姿が継承されている。

no.23

不二家レストラン（横浜センター店）

A・レーモンドによる貴重な昭和モダニズム建築

1階レストラン内に残るレリーフ。淡い色調の素朴な画風で、海の風景が描かれている。

階段室。建築内部は整形の部屋が多いが、
階段室には曲線が多く用いられている。

一枚の抽象絵画のようなファサードからは、同時代の画家モンドリアンの作品が思い起こされる。水平線を強調する屋上の庇にも、当時の先端的なデザインが表れている。

まるで抽象絵画のような
モダンなガラスブロック

町に建つ歴史的な建築は、私たちに過去のなつかしい風景をみせてくれる。ところが、戦前に建てられたこの建築は今でも古びないどころか、新しささえ感じられるほどだ。ファサードは一枚の抽象絵画のようで、白い壁に正方形が整列し、その中をマス目で埋めるようにガラスブロックが並んでいる。

このガラスブロックは、室内では壁全体が光るような独特の効果をみせるもので、当時の新しい建築表現だった。階段室は、一面がほのかな光で照らされ、その中を手摺りが軽やかな曲線を描いていく幻想的な空間だ。室内の淡い色調は、レストラ

一面のガラスブロックで照らされた階段室。手摺りのカーブが美しい。このガラスブロックの壁面はカーテンウォールで、階段室の床とは切り離されている。

上／レリーフの右側には、パラソルを手にした女性や子供が描かれ、リゾートの雰囲気が感じられる。下／2階の北西側部分を階段室から見たところ。もともとは吹き抜けだったので、玄関を入ると天井の高い空間が広がっていた。

ンに残るレリーノのやさしげな雰囲気とよく調和している。

二十世紀初頭の建築界では、国や地域を越えて共通するスタイルが、世界中に伝播しつつあった。設計者のA・レーモンドは一九一九年に来日すると、海外の新しいデザインを次々と日本にもたらしたが、この建築もその一つだ。不二家が建った一九三七年には、その世界はともに重苦しい時代を迎えていたが、この建築がみせているのは、その後の悲劇をまだ見る前のこの町の風景でもある。

DATA

竣工：1937（昭和12）年
設計：A・レーモンド
住所：〒231-0045　神奈川県横浜市中区伊勢佐木町1-6-2
アクセス：JR・市営地下鉄線「関内」駅より徒歩5分
営業時間：10:00〜20:00
階段室は現在は非公開

no.24

神奈川県立図書館・音楽堂

周囲の緑に溶け込む開放感のあるホワイエ

音楽堂のホワイエ。ガラス張りで明るく、掃部山公園の緑がよくみえる。天井にはホールの客席の段がそのままみえ、柱にはコンクリート型枠の木目がみえる。

ホワイエに2つある階段は、角度が少しずつ違う。どちらも、段と段の隙間から向こうの景色がみえ、透明感が感じられる。このホワイエには、もともとは彫刻作品も飾られていた。

無機質な印象を裏切る軽やかな鉄筋コンクリート造

紅葉坂は、もとは海から切り立つ崖地だっただけに急な坂道だ。この建築はその斜面の途中に建っている。海に近い音楽堂は少し低いところに建ち、それより一段高い図書館へ、透き通ったブリッジがさしかけられている。

音楽堂のホワイエは、自然の中にいるようにすがすがしい。白い天井には、その上にある木のホールの客席の段がそのままみえていて、それを背の高い柱が軽々と支えている。この空間の雰囲気は、夜のコンサートのあとには大きく変わる。流れるような階段は外からもくっきりとみえ、壁の赤や緑は一段と鮮やかにな

図書館の閲覧室。北側なので光を多く入れられるようになっている。縦長の日よけのデザインは、ル・コルビュジエの作品のものによく似ている。

ホワイエの床にはグレーと赤褐色の模様が描かれている。これは砕いた大理石や御影石をモルタルで固めてつくられている。

り、そのホワイエの中に、まだ音楽の余韻の中にある人々があふれかえる。鉄筋コンクリートの建築は、工業的で無機質な存在だと思われがちかもしれない。だが、この建築はそういった印象を見事に裏返すかのように、自らが背景となることで、その中で生きる人間そのものを引き立たせる舞台となっている。

図書館の北側にある閲覧室は、吹き抜けの明るい空間で、木々がよくみえる。南側の壁には、レンガが透き通ったような軽やかな表現がみられる。

DATA

竣工：1954（昭和29）年
設計：前川國男建築設計事務所
住所：〒220-0044　神奈川県横浜市西区紅葉ケ丘9-2
アクセス：JR・市営地下鉄線「桜木町」駅より徒歩10分
見学は要相談

上／音楽堂と図書館をつなぐブリッジ。もともとはレストランだった。ガラス張りで向こう側の緑がみえる。この下は掃部山公園へ抜けるプロムナードでもある。下／右手に音楽堂の入口があり、その向こうの図書館は一段高いところに建っている。図書館の東面と南面は中空のブロックにより光を遮られる。

上／内部は、壁も天井も木が貼られ、ホール自体が楽器のようである。木のあたたかみを感じられる中での演奏会は、
ここでしか味わえない音楽体験になる。下／３階席へ上がる階段。この階段は傾斜が緩いが、
壁の向こう側にある客席と同じ傾きになっている。壁の緑色は、夜景では照明によく映え、外からもよくみえる。

column 3

ナゾの建造物

恩田　陸

子供の頃、「宗教」というものの意味が全く分からなかった。
プロテスタント系の幼稚園に通っていたので聖書の教えは日々聞いていたけれど、「神さま」というのが分からないし、「教会」というのも分からない。もちろん、「お寺」や「神社」も、仏像とか鳥居とかヘンな形をしたものがなんのためにあるのかさっぱりだった。
学校とか、市役所とか、病院とか、消防署とかならば、何に使う建物なのかすぐに分かる。だけど、宗教施設って何？　何に使うの？「お祈りをするところ」と聞いても、今度は「祈る」というのが分からない。幼稚園で毎日「天にましますわれらの父よ」と唱えさせられてはいても、決して「祈って」はいなかったのだ。
その疑問は、大人になってからも常にどこかでくすぶり続けている。そして、大人になって観光旅行をするようになると、よく考えてみると、見学しているのはほぼ「宗教施設」なのである。ヨーロッパに行っても、観光で訪れるのは教会、また教会。なんだってまた、我々は宗教施設をこうも喜んで見て回るのか？

建物を見るのが目的ではあるだろう。えてして宗教施設は立派な建物だし、よい場所に建てられているから景色もいい。時代の特徴とか宗派の特徴とか、歴史の勉強にもなる。

だが、それだけでは寺社仏閣を見て回る目的のすべてを説明できているとは思えない。

最近になって思うのは、なるほど、お寺や教会というのはココロの容れ物なんだなあ、ということだ。精神性とか、信仰とか、見えないもののよりどころを収めるところ。あるいはそれらをご本尊やマリア像という形にして、生きるよすがを確かめる場を提供している建物。確かにああいう場所では「祈り」が形になっている。

それにしても、横浜という都市は、これだけの国際都市なのに函館や長崎に比べると教会が少なく、影が薄いような気がする。天然の良港で古くから西洋人が住み着いていたのと違って、やっぱり人工的な急ごしらえからスタートした街だったせいだろうか。

山手・その他

no.25

no.32

エリア

no.25

山手111番館

白い三連アーチが訪れる人を迎える

南西に面した正面ファサード。赤い瓦屋根に、白い壁。正面に3連の半円アーチのパーゴラがある。

１階の居間の南西側。八角形の柱に薄い葉飾りの柱頭がのっている。下の物入れが、本格的な柱台の形になっているのがおもしろい。

居間の暖炉。花と３本の縦線の装飾帯やその下の小さな三角形は、ドリス式オーダーのディテールをデフォルメしたもの。

古典主義の意匠をアレンジしたユニークな内装

港の見える丘公園にある、アメリカ人ラフィンのために建てられた住宅。赤い瓦屋根と白い壁に、正面には三つのアーチのポーチを備え、その中央からまっすぐに通路が伸びていて、シンメトリーの印象が強い。

内部には、建物の中央に吹き抜けの居間がある。吹き抜け上部の二階の回廊には、北東側にバルコニー風の出っ張りがあり、自然と視線が上に抜ける。一方、居間に隣接している奥の食堂からは、窓から庭園や海が臨め、視線は遠くまで伸びていく。

設計者のJ・H・モーガンは、山手111番館（no.25）、横浜山手聖公会（no.26）、ベーリック・ホ

南西側の個室の窓。窓枠を額縁に見立てると、ちょうど絵になる位置に木が植えられている。

パーゴラの内部から、南西側の個室の窓をみたところ。白い外壁の表面は、粗い仕上げで独特の風合いがある。

ール（no.27）など、横浜の多くの建築を手がけた建築家で、さまざまな様式のデザインにも精通していた。居間のアルコーブの両側に立つ八角柱の下には物入れがあるが、その形は、クラシックな柱台そのままに作られている。居間と食堂の暖炉にも、古典主義のドリス式オーダーの意匠を、非常にユニークな形でアレンジしたものがみられる。

DATA

竣工：1926（大正15）年
設計：J・H・モーガン
住所：〒231-0862　神奈川県横浜市中区山手町111
アクセス：みなとみらい線「元町・中華街駅」より徒歩7分
内部の見学に際してはHPを確認・問い合わせのこと

no.26

横浜山手聖公会

元町公園前に建つ、重厚で厳かなたたずまいの教会

大谷石の外壁は重厚な雰囲気が感じられる。尖頭アーチやバットレスなど、ゴシックの特徴的な意匠がみられ、正面の塔の上部は西洋中世の城のようなデザイン。

玄関ホール。重厚な雰囲気の空間。窓と手すりには三葉形の尖頭アーチのデザインがみられる。

聖堂内部の窓。三葉形アーチの形をしている。

聖堂内部の祭壇側をみたところ。

戦災や火災を乗り越えて山手の丘に建つ

本書でとりあげた横浜の教会建築はどれもゴシックスタイルだが、同じゴシックと言っても、それぞれの印象はだいぶ異なるものだ。この山手聖公会は、他の三棟、横浜海岸教会（no.14）、横浜指路教会（no.22）、カトリック山手教会（no.28）と比べると、もっとも重厚で、どことなく厳かな雰囲気が感じられる。建築構造は鉄筋コンクリートだが、外壁は大谷石で、正面には中世の城を思わせるような塔があり、元町公園あたりのランドマークになっている。

正面の入口を入ると、まず小さな玄関ホールがあり、その奥の扉を開

玄関ホールの天井。

聖堂内部にある、大谷石で作られた洗礼盤。

くと、しんとした静けさのある空間が広がっている。

この建築は、過去に二度も屋根を失った。一度目は戦災によるもので、そのとき屋根は骨組みだけになり、聖堂全体は太陽の光でさんさんと照らされ、その中でも大勢の信者たちはこの場に集い、ミサが行われた。そののちに建築は修復されたが、二〇〇五年に再び火災に遭い、もう一度、今日の姿に戻された。

DATA

竣工：1931（昭和6）年
設計：J・H・モーガン
住所：〒231-0862　横浜市中区山手町235
アクセス：みなとみらい線
「元町・中華街駅」下車、
アメリカ山公園口から徒歩5分

no.27

ベーリック・ホール

異国情緒あふれる開放的な洋館

建物は横に長い２階建てで、正面に３つのアーチの玄関ポーチがある。アーチを縁取るタイル、緑の窓枠、軒周りのタイル飾りが特徴的。

北側のパームルーム。床は、玄関と同じ白黒の市松模様。半円型の壁泉があり、屋内なのに半屋外のように感じられる。

2階廊下から夫人寝室をみたところ。やわらかい色調の壁に、正方形と半円形を組み合わせた形の窓が特徴的。

主階段の側面には、古典主義建築の持ち送りの意匠をアレンジしたレリーフがあり、ふっくらと伸びた３枚の葉がみられる。

夫人寝室の東側にあるサンポーチ。

やわらかい色調の壁が明るい日差しに映える

イギリス人B・H・ベリックのために建てられた住宅。門から建物まで、広々した前庭のあるゆったりとした敷地の中に建っている。建物は横長でそれほど複雑な形ではないが、門から入るとまず斜めの姿が小さく見え、前庭を歩きながら近づくにつれて、次第に軒のタイルや小窓の形といった細部が見えてきて、アプローチを楽しめる。

正面玄関には、三つのアーチのポーチがあり、これは同じ設計者J・H・モーガンによる山手111番館（no.25）と同じ形だが、ベーリック・ホールでは、アーチはタイルで縁取られ、外壁の色もベージュ色な

2階の主人寝室と夫人寝室のあいだにある浴室。

敷地の南東側にある入口の門柱。ディテールは古典主義建築の刳型（くりがた）によって形作られている。

ので、それほど似ては見えない。
　玄関を入って右側には、広々した居間が広がっている。この部屋は、玄関ホールより小さな階段で三段降りた高さにあるため、天井が高いだけでなく、少し別の世界に来たような感覚を味わえる。この居間の北側には明るいパームルームがつながっていている。一階の西端にある食堂は、天井や壁のデザインから少し日本風の雰囲気を感じられる。二階は主にプライベートの空間で、家族それぞれの寝室や客室が並ぶが、一つ一つの部屋の色彩が豊かである。

DATA

竣工：1930（昭和5）年
設計：J・H・モーガン
住所：〒231-0862　神奈川県横浜市中区山手町72
アクセス：みなとみらい線「元町・中華街駅」より徒歩8分
内部の見学に際してはHPを確認・問い合わせのこと

no.28

カトリック山手教会

すっきりと軽やかなゴシックスタイル

右／南西側には1本の塔が立つ。この形には、関東大震災で壊れてしまった前身の教会の塔のシルエットがみられる。上／南西側の壁の窓。全体は上部が尖った尖頭アーチで、その内側は円形や小さいアーチが組み合わせられている。

中世のヨーロッパで生まれたゴシック建築は、先端の尖ったアーチや、細身の柱による線の細かい表現を特徴としている。一方、このカトリック山手教会の正面ファサードは、尖頭アーチや入口周りにだけ細い柱が並べられているが、全体としてはすっきりしていて、近代的な印象も感じられる。南西側には、緑色の屋根の塔が一本立っている。

内部に入ると、グレーの柱が立ち並んでいて、そのまま視線が真正面に引き込まれる。柱は細い柱を束ねたような形で、天井は尖ったアーチのように迫り上がっている。こういった特徴は、どれもゴシック空間らしいものだ。柱頭から天井にかけては、同じ白色に塗られ、軽やかさがある。南西側のステンドグラスにはプラハ城やカレル橋が描かれている。これは設計者のJ・J・スワガーが横浜に残した、彼の故郷の風景だ。

DATA

竣工：1933（昭和8）年
設計：J・J・スワガー
住所：〒231-0862　神奈川県横浜市中区山手町44
アクセス：JR線「石川町駅」より徒歩10分

北西側を向いた正面ファサード。尖頭アーチや細身の柱といったゴシックの特徴的意匠はあるが、全体としてはすっきりしている。南西側に建つ塔の先端が小さく見えている。

no.29

ブラフ18番館

緑の出窓が愛らしい小さな住宅

右／正面の出窓を南側からみたところ。下／山手イタリア山庭園内の並木道。ブラフ18番館はこの左手、外交官の家は右手にある。

この住宅は、もとは関東大震災の直後に、山手町45-1番地に建てられた外国人住宅だった。戦後の一時期は、カトリック山手教会（no.28）の司祭館だったこともあったが、一九九〇年代に山手イタリア山庭園内に移築されて、現在は一般公開されている。外観は白い壁に、屋根のオレンジ色、鎧戸の緑色の組み合わせがにぎやかな姿で、屋根や窓の複雑な形は、みる角度によってみえ方が異なる。もともと建っていた敷地は、山手本通り沿いだったので、近づくごとにみえ方が変わる外観は道行く人の目を楽しませただろう。そのときの正面ファサードは北を向いていたので、かわいらしい出窓の形は、室内により多くの光をとりいれるための工夫でもあった。

DATA

竣工：大正末期（1993（平成５）年移築）
設計：不詳
住所：〒231-0862　神奈川県横浜市
　　　中区山手町16
アクセス：JR線「石川町駅」より徒歩５分
内部の見学に際してはHPを確認・
問い合わせのこと

白い壁、緑色の鎧戸、オレンジ色の瓦が特徴。正面玄関のポーチには、
トスカナ式の円柱が立っている。もともとは建物のすぐ前面に道路が通っていた。

no.30

外交官の家

複雑な形の組み合わせが楽しい外観

庭からみた外観。凹凸の多い複雑な形をしている。左側には八角の塔があり、右側には三角屋根の形がみられる。

玄関の扉。内田家の家紋が組み込まれたデザイン。

玄関ホールの階段は、複雑に折れ曲がっている。

来客の目を喜ばせる工夫があちこちに

この住宅は、東京の渋谷区に建てられたものだが、現在は山手イタリア山庭園内に移築復原されている。外観は、庭園側の方が華やかで、小さな建築をいくつも組み合わせたような複雑な形だ。向かって左側には八角形の塔があり、右側には三角屋根の形があるが、この形は、古典主義建築にも通じる普遍的な家型のモチーフである。

当初は、外交官である内田定槌の邸宅だったので、内部には、来客を招き入れるためのさまざまな工夫がみられる。玄関ホールは、天井が高く、幾度も折れ曲がる階段が、来客の目を楽しませる。また、いろいろ

北東側のサンルーム。八角形の塔の１階部分にあたり、５面に窓があり明るい。

大客間の暖炉。イオニア式オーダーなど古典主義建築のディテールで飾られている。

なシチュエーションでの接客に対応できるように、客間は大小二つあり、インテリアをみても、雰囲気の異なる部屋が並んでいる。食堂は暗めの色彩で重厚な雰囲気なのに対し、大客間は格調高いながらもすっきりとした印象だ。ガラス張りのサンルームは、室内なのに庭にとても近く感じられる。二階はプライベートの空間で、寝室、浴室、書斎が並んでいる。

DATA

竣工：1910（明治43）年
〈1997（平成９）年移築〉
設計：Ｊ・Ｍ・ガーディナー
住所：〒231-0862　神奈川県横浜市中区山手町16
アクセス：JR線「石川町駅」より徒歩５分
内部の見学に際してはHPを確認・問い合わせのこと

北西側の側廊から中庭をみたところ。

no.31

地蔵王廟

横浜に渡ってきた華僑の人々が眠る場所

正堂の北東側。床には「磚」という素焼きの板が敷かれている。天井は、正堂の手前の部分（前廊）は、側廊のような曲面（捲棚）の形に作られている。左手の扉の向こう側にp.170-171の中庭が広がっている。

上／北東側の大門（正面入口）。外壁は木骨造にレンガが貼られている。下／側廊の天井。

北側の入口の門。屋根の上には、火除けの意味を持つ螭吻（ちふん）という竜の子供が載っている。

異国にまぎれこんだかのような空間

開港以来、横浜に渡ってきた中国人たちの墓地のために建てられた、明治時代の建築である。外からみると屋根が二つ連なってみえるが、北東側の門庁と南西側の正庁が並行に並び、それぞれの両側から伸びた側廊がロの字型に、中庭を囲んでいる。南西側の正堂には中央に本殿、両脇に位牌堂が祀（まつ）られ、そちらを拝むと、そのまま祖国である中国の方向に拝むようになっている。

内部は、金、赤、黒、緑などで鮮やかに彩られた、中国らしさを感じられる空間で、四方すべてを囲まれた中庭に入ると、ここが日本であることを忘れてしまう。主要な部材は、

上右／扉にある獅子。上左／北西側の側面。左側が門庁で右側に正庁があり、その間をつなぐ側廊の入口がある。屋根は硬山頂という形式。壁には螞蝗攀という、レンガを木に固定するためのビスがみえる。右／南西側にある正庁の扉。

中国の広州で作られてから日本に運ばれたものと考えられていて、一つ一つの形をみていくだけでも、目に新鮮だ。たとえば、外壁にみられる金属の部材は、レンガを木に固定するためのビスで、螞蝗攀（マーファンパン）という。

DATA

竣工：1892（明治25）年
設計：不詳
住所：〒231-0858　神奈川県横浜市
中区大芝台７
アクセス：横浜市営バス
「山元町２丁目」より徒歩５分

no.32

横浜市大倉山記念館

荘厳さを漂わせる濃密な内部空間

旧殿堂（現ホール）の扉口の意匠。水平材にみられる小さな円形装飾や、その下の、反転カーブのない持ち送りがユニーク。

エントランスホールに置かれた椅子。椅子の脚は正面ファサードの柱と同様、上より下が細い形となっている。

上／エントランスホールの天井を見上げたところ。獅子と鷲の像が飾られ、その上の窓からやわらかい光が注がれる。
下／1階の扉口。扉上部の明かりとりの窓は、天井と同じ台形でそろえられている。小さな灯をともす照明器具が美しい。

正面入口から旧殿堂（現ホール）へと一直線につづく階段。2階の天井は斜めに折れながら迫り上がっている。

小高い丘にそびえる古代ギリシア神殿のような建築

大倉山の鬱蒼とした緑の奥、町の喧噪から離れた静かな場所に、ひっそりと建っている。外観はギリシアの神殿を思わせるような、すがすがしい白い姿だが、その内側には、外から想像できないような空間がつまっている。入口から一歩入った最初の空間は、濃密な色彩のエントランスホールで、ぽっかり浮かぶ正方形の天井から、やわらかい光が降り注いでいる。上を見上げると、かわいらしい表情の獅子や鷲たちが、まるで下界を見下ろすかのようにのぞきこんでいる。

階段を一直線に上っていくと、他に例がないほどユニークな部屋に入

正面玄関。上より下が細い柱は「プレ・ヘレニック様式」の特徴だが、ペディメントには東洋風の意匠がみられる。

上／正面の外観。古代地中海文明の「プレ・ヘレニック様式」をとり入れている。
下／旧殿堂（現ホール）内部。日本建築の垂木や組物を連想させる細部意匠や、キリスト教教会堂の交差部を思わせる天井がみられる。

る。ここは、大倉精神文化研究所本館として建てられた当初、「殿堂」（現ホール）として使われていた部屋で、和洋のさまざまなルーツのデザインが組み合わせられた不思議な空間だ。これは、設計者の長野宇平治が目指した、東西の建築文化の融合の一つの姿としてみることができる。

DATA

竣工：1932（昭和７）年
設計：長野宇平治
住所：〒222-0037　神奈川県横浜市
港北区大倉山２-10-１
アクセス：東急東横線
「大倉山駅」より徒歩７分
開館時間：９:00〜22:00
（利用申込受付時間：９:00〜21:00）

column 4

近代の庭

恩田 陸

庭。もちろん、それも建築の一部である。
子供の頃、バーネットの『秘密の花園』を読んで、鍵のかかる庭、開かずの庭とはどういうものなのだろうと空想を膨らませた。本の中では、狭いはずの庭の穴が異界に繋がっていたり、真夜中になると時空すらも超えていたりした。大人になった今も、禅の公案のための石庭、周囲の自然を借景にしたもの、西洋式のシンメトリーの庭、ナチュラルだったりバロックだったり、やはり庭という存在にはいつもわくわくさせられる。
公園というのは、都市という家の庭だろう。これまた表情はさまざま。横浜ならば、山下公園や港の見える丘公園が気の置けない庭という感じだろうか。少し足を伸ばせば、堂々たる日本庭園の三渓園があるし、根岸の森林公園もある。そのどれもが全く異なる風情を湛えているのが素晴らしい。やはりどれもある種の異世界というか小宇宙であり、その日の気分で違った雰囲気を堪能できる。

更に、もっといえば、横浜自体が、日本の近代の庭という感じがする。文明開化、海外への窓、突き進む時代、変わりゆく暮らし。その過程が場面ごとに綺麗に保存されていて、道ゆく人が時代を辿りながら鑑賞することができる。

これはなかなか特異な場所だと思う。私はつねづね、東京はモザイク（あらゆる地方と時代がモザイク状にはめ込まれている）、京都はミルフィーユ（地層のごとく、すべての時代が積み重なっている）だと思っている。ならば、横浜はジュークボックスだ。コンパクトにすべてがうまい具合に収納されている。ボタンを押してリクエストすれば、すぐさま目当ての時代が生々しく呼び出せる。横浜は、いつまでも懐かしい音楽を、いい音質で味わえる場所であってほしい。

物語が生まれるジュークボックスのような街

対談 恩田陸×菅野裕子

建築好きの小説家、恩田陸さんと、横浜で生まれ育ち、今も横浜国立大学で教鞭を執る菅野裕子さん。横浜の街の歴史ある建築物を巡り歩き、じっくりと建物鑑賞を楽しみました。二日間の行程を振り返りながらの対談は、恩田さんのルーツや小説に登場する建物のモチーフ、そして何かが宿る建築についても話が及びます。多様な建築が織りなす横浜の街は、恩田さんの目にはどのように映ったのでしょうか。

■崇高さを漂わせる
神奈川県立歴史博物館のドーム

恩田　二日間にわたって横浜を案内いただき、ありがとうございました。自分が知らなかった建物を訪れることができましたし、有名な建物も改めて菅野さんに説明いただくことで、さまざまなことを理解できました。

菅野　恩田さんが、私が想像していたよりもずっと横浜の街の成り立ちについて、またそれぞれの建築のことに詳しくて、とても驚きました。今回、印象に残っている建物に、どんなものがありますか？

恩田　史跡とされている建物の多くは、外からは見ていましたが、意外と中に入ったことがありませんでした。「横浜開港資料館」や旧横浜正金銀行の「神奈川県立歴史博物館」などを見学できたのは、歴史もおさらいできてよかったですね。また、普段は入ることのできない施設やスポットを見ることができたのが嬉しかったです。最初のほうで訪れた「旧露亜銀行（ラ・バンク・ド・ロア）」では、金庫室が強く印象に残っていますね。建物の用途が時代と共に移り変わってきても、いい空間には力があるということを実感しました。

菅野　建物は、手を入れると見違えるように変身するものですが、そのいい例ですね。

恩田　「海洋会横浜会館」も、つくりにゆとりがあって印象に残っています。屋上も、海を見晴らすことができて、気持ちがよくて。あんな眺めのいいところで、一杯飲みたい（笑）。これからあの建物の活用の道は、いろいろとあるだろうなと思います。まずはぜひ、ビアガーデンを開いてほしいですね。

菅野　古い建物を活かす視点は、大切ですよね。私は専門は西洋建築史ですが、最近、横浜の重要な近代建築が次々と取り壊されていくのを見て、時間を経た建物の魅力をもっと一般の方にも伝えたいと、市民講座などで横浜の近代建築の案内を始めたのです。

恩田　クラシカルな建物ではありませんが、「不二家ビル（レストラン）」も面白かったです。外見はスッキリとしているのに、内部では階段の形や装飾が可愛らしくて。贅沢なつくりですよね。

菅野　そうですね。モダンな外観で、ファサードの最上部にも当時の先端的なデザインが表れています。

恩田　そして特に印象に残っているのは、歴史博物館の屋上にあるドームですね。中に入ったときには、感動しました。木組みのドームの天井が高くて、十字の桟の入った丸窓が開けられていて。ロシア正教会の礼拝堂のような、何か崇高な雰囲気を感じましたね。懺悔ではないですけど、嘘をつけないような空気感があって。何かの舞台に使えないかな…。とある企業では、年に一度だけ行われる上司との面談が、あの空間で執り行われる、とか（笑）。

菅野　それは面白いですね。とても意外な発想なのに、不思議とそのシーンが目に浮かぶようです。あのドームの内部は人に見せるためには作られていないし、専門家や普通の人からはあまり注目されていないので、今回、恩田さんの反応に驚かされました。恩田さんが、空間の雰囲気を敏感に捉えられる様子がよく分かりました。

恩田　あとは、歴史博物館の地下も印象的に残っています。横浜正金銀行の金庫があって、通路に大勢の人が避難してきたというところです。

菅野　実は私の祖母も、関東大震災当時、横浜正金銀行に勤務していたので、おそらくあそこで命拾いした一人なんです。あの狭い廊下に、約３４０人が逃げ込んで全員が生き延びたという、その数時間の様子は今でも文章で読むことができますが、記録というものの貴重さを感じます。

恩田　横浜は、記録がけっこう残っていますよね。ペリー来航以来、横浜という街が一気にできたところから外国人や日本人の記録がずっとあって、きちんと地層や痕跡が残っている。実は日本では、横浜のような街はほかにないのではありませんか？　同じ港町の函館も好きなのですが、頻繁に大火に見舞われたためか、そこまで記録が残っていない印象があります。

菅野　横浜の町も、震災と戦災という二度の大きなダメージを受けましたが、記録や研究の蓄積があるのは、市内の数ある研究機関のおかげです。

■ 建築の記憶が小説のモチーフに

菅野　恩田さんの作品を読んでいると、登場する建物に、独特で不思議な雰囲気が醸し出されていて、しかも「こんな瞬間って、あるなあ」と、不思議と実感させられます。そうした建物の描写は、どういったところから出てくるのでしょうか？

恩田　建物を見たときの雰囲気が第一印象に残っていて、

そのイメージを使うことが多いですね。

菅野　建物についての記憶は、熟成させるのでしょうか。

恩田　建物やシーンによりますね。でも確かに、イメージを寝かせておいて、後から使うこともあります。ですから、建物から雰囲気やオーラを感じるときに、デジタルカメラで写真をメモのように撮っておきますね。写真を見ると、そのときに何を感じて考えたのかを思い出しますから。

菅野　今回もコンパクトカメラで、たくさん撮っていらっしゃいましたね。建物の記憶に触発されて、物語が生まれていくことはありますか？

恩田　作家としてデビューした当時は、特定の建物から短編が書けるように思ったことはありますね。でもだんだん、単一の建物からダイレクトに書くというより、ピースや背景として継ぎ接ぎで建物のイメージを使うようになりました。

菅野　恩田さんは今、横浜を舞台にした小説を執筆中とお聞きしています。この先、どのような建物が登場するか、楽しみです。

恩田　この二日間で巡った建物も、使いたいですね。キング、クイーン、ジャックの横浜三塔も使いたいし。性格がありそうですよね、それぞれに。

菅野　塔が出てくるというのは、楽しみですね。そして建物に性格が感じられるというのは、本当にそう思います。私は以前、建物にキャラクター付けをしたことがあるんです。写真に、その建物の特徴をマンガのフキダシのように書いていくと、性格が浮き出てくるようでした。

恩田　古い建物には、人格を感じますね。

菅野　以前から、恩田さんは建物に興味をお持ちだったのでしょうか？

恩田　そうですね、建物は本当に好きなんですよね、小さなころから。長野県の松本市に住んでいた幼少期に訪れた開智小学校の校舎や、松本城は今でも鮮明に記憶しています。特に古い建物が好きなのですが、それは存在する時間が長いからでしょうね。人は過去に行くことはできませんが、古い建築を見ると「過去の人と同じ環境を共有している」という錯覚が起きます。錯覚があるからこそ、古い建物は残しておきたいと思うのです。あと昔から、巨大な建築の夢をよく見ますよ。継ぎ足しを繰り返した迷路のような建物で、建物の中でぐるぐる歩き回ってて。

菅野　面白いですね。それは実際にある建物なのでしょうか？

恩田　いえ、たぶん実在しないのですが、「前にも来たな」と夢の中で思うんです。和風の旅館のこともありますし、洋風のホテルのこともありますが、とにかく巨大でいつも迷ってる。今のところ小説では使っていません。

菅野　建築に強い関心があることの表れかもしれませんね。私も夢に架空の建物が出てきて、間取りを描いたり模型をつくれるような、妙に具体的な建物を見ることがありますよ。

■怖い建築──建物に宿る「何か」の気配

菅野　昨日今日と巡った中で、物語に登場させたいと思われた建物は、ほかにもありましたか？

恩田　「旧横浜銀行本店別館」（元第一銀行横浜支店）はすごく好きで、うまく使えないかなと思っています。あの建物は移設する前も現在もそうですが、建っているロケーションや形状が面白いと思います。設計者は、建物を船に見立てたのかもしれません。外の街に向けてつくられたバルコニーを、何かの舞台にできないかなと思っています。

菅野　それは楽しみです。

恩田　あのバルコニーは、誰かが立っていそうじゃないですか。夜中に、ぼうっと一人で（笑）。

菅野　怖い怖い（笑）。でも、分かります。バルコニーなので、人がいそうなのに、なぜか私もこれまで一度も人を見かけたことがない……。恩田さんは普段から、街の中の、ちょっと変わった建造物に目が行くのでしょうか？

恩田　そうですね。すでになくなってしまいましたが、横浜トリエンナーレに使われていたガランとした倉庫（注：日本郵船海岸通倉庫［BankART studio NYK］）も、素晴らしい雰囲気で好きでした。少し普通ではない空気感に惹かれるのかもしれません。ちなみに、横浜トリエンナーレには毎回見に来ているのですが、前々回に根岸の旧競馬場（注：目次ページ写真）の写真が使われていて、施設のことを初めて知りました。あまりの存在感にびっくりして、見に行ったんです。すごいところでした。ザラっとした暗さがあって怖い雰囲気ですね。

菅野　怖い建築の話になってきましたが（笑）。恩田さんは建物のどういったところに、怖さを感じるのでしょうか？

恩田　塔は、誰かが頂上のところにいるような感じがするのです。自分の小説の中でも、大田区の西馬込にある、城塞のような給水塔をモデルとして登場させた作品がありました。五重塔とか、物見櫓や鐘楼も怖く感じることがあります。五重塔で思い出しましたが、法隆寺にある「夢殿」なんて、ネーミングからして何か怖いし、感じるものがありますね。

菅野　そうですか。夢殿には毎年のように訪れていますけど、私は鈍感で何も感じませんでした、残念（笑）。本当に何かが出る、という建物のことも、たまに聞きますよね。

恩田　それはありますね。私は以前、不動産会社に勤めていたことがあって。いろんなマンションを管理して見ていると、長くは住まないだろうなという家、なにか変だなと思う部屋はやっぱりあるんですよね。

菅野　なぜでしょう、湿度が関係しているのでしょうか？

恩田　湿気もあるかもしれませんが、乾いて明るくてもどういうわけか暗く感じる家はあります。何か思念みたいなものが残ってるのかな。

菅野　建築や家具には、いろんなものが宿りますよね。時代ごとの変遷があって。

恩田　逆に、横浜の山手に並ぶ洋館は、生活感がなくて空っぽな感じがするのですよね。先に挙げた松本の開智小学校で、濃厚な人の気配を感じるのとは対照的です。建てられた時代はそれほど変わらないはずなのに、気迫が違うといいますか。

菅野　山手の洋館は移築保存されたものも多いので、生活のイメージがわきにくいかもしれませんね。でも、今でも生活されている洋館も残っているんですよ。

■ 恩田作品に登場する魅力的な建築

菅野　恩田さんの作品では、個性のある建築が登場してきます。物語に関係することもあるので詳しく語れないのが口惜しいのですが、『黄昏の百合の骨』『六番目の小夜子（さよこ）』『深夜の食欲』『一千一秒殺人事件』などなど、背景の建築や、その中での場面が本当にリアルに感じられます。『ユージニア』に登場する青いガラスのある医者の家も、印象的ですよね。

恩田　小学生の頃に過ごした富山では、親の会社が借り上げた家に住んでいたのですが、そこが元お医者さんの家だったんです。玄関の脇に洋間の明るい診察室があって、ほかの部屋は和風という。地方の開業医の家って、そういう和洋折衷だったり、意匠に凝る普請道楽の人が多かった印象があります。

菅野　そのほかにも建築が、まさに話の核心に関わっている作品がいくつもあって。『心変わり』なども、建築に関わる方々にもぜひ読んでほしいですね。

恩田　それ以上は、皆さまにも読んでいただくことにして（笑）。

菅野　恩田さんは大変な読書家でもいらっしゃいますが、ご自身以外の文学作品で、建築が魅力的に登場する作品として何を思いつきますか？

恩田　児童文学では、『ちいさいおうち』は名作ですよね。小さい家の周りが、だんだんと建て替えられて大きな建物に囲まれていくという。次に思い出すのは、ルーマー・ゴッデンの書いた『人形の家』ですね。いろんな人形が家にやってきて疑似家族で楽しく暮らすのですが、あるとき高慢な人形がバランスを壊していくという、少し暗い話です。佐藤さとるさんの、『マコトくんとふしぎないす』という作品もありました。家に昔からある椅子に、鬼が棲み着いているという話なのですが、椅子が建造物に見えてくる描写に、ぐっと来たのを覚えています。お化け屋敷の話も好きでした。いっとき「家ホラー」の映画が流行ったことがあって、けっこう読みましたね。シャーリイ・ジャクスンの『山荘綺談（さんそうきだん）』という小説はよく覚えています。後で『たたり』として映画化されたものです。不気味な屋敷で女の人の精神が病んでいくというストーリーで、いわゆるゴシックロマンですね。イギリスの女流作家ダフネ・デュ・モーリアが書いた『レベッカ』も、ヒッチコックの映画版のほうが有名ですが、大邸宅のマンダレイを舞台とした夫婦の物語で、お屋敷の緻密な描写が印象に残っています。

菅野　建築とは関係ないのですが、小さいころに読んで大好きな『石のはな』という児童書を、恩田さんも愛読していたと聞いて、本当に嬉しかったです。

恩田　孔雀石の魅力に取り憑かれた石工の、職人魂を感じるロシア民話ですね。

菅野　牧村慶子さんの挿絵で、石のすべすべした感触が感じられてとてもすてきでした。

恩田　私もです！　同じ素材に、子ども心に萌えていたという（笑）。

■ 横浜の中の街ごとに個性がある

菅野　そして恩田さんは、建築だけではなく、街のことを捉えるのがとても敏感だなと思いました。私の大好きな

『夜のピクニック』では、歩きながら移り変わっていく風景の描写が、さりげないのにリアリティがあって感心させられました。あと、あの物語は何度読んでも、毎回泣いてしまうんです。どうしてあんな作品が書けるんだろう、と不思議でたまりません。

恩田　いやぁ、そうですか。恐縮です。

菅野　『ユージニア』でも、地方都市についての描写が詳しくされていましたね。

恩田　地方の街のつくりは、特に県庁所在地はだいたい似てるんですよね。城址の周りに官公庁街があって、その裏に飲屋街が広がっていて。駅の反対側は再開発されて、広い通りがあって、住宅街が広がっている。それに対して東京の街は、駅を始点として、継ぎ接ぎでいろんな時代がモザイク状になっていると感じます。歩いていると、場面が転換していくようで面白いですね。京都で、ミルフィーユのように歴史が積み重なっているように感じるのとは、また違います。

菅野　横浜は、表と裏のような表情を感じられますか？

恩田　それはあまり感じませんね。横浜の中の街ごとに個性がしっかりとあって、それぞれの雰囲気を持っている。うまいこと分かれているように思います。

菅野　東京がモザイク、京都はミルフィーユ。では横浜の街をなぞらえるなら、何と言えるでしょうか？

恩田　そうですね、言いながら少し考えていたのですが……。「ジュークボックス」というのはどうでしょう。

菅野　ジュークボックス、ですか？

恩田　大量のレコードが収められているジュークボックスは「この曲を聴きたい」とリクエストすると、その中からポンと出てきますよね。横浜も「こんな建物を見たい」と思うと、どんな建物でも街にあって、すぐに見られる。雰囲気的にも、どこか似ているかなと。

菅野　すごい、たしかにそうですね！　横浜の街は、一つ一つの建物を訪れてみると、そこには歴史や物語がぎっしりつまっている、ということでも当てはまりますね。貴重なご意見と視点をいただき、ありがとうございました。

（2020年10月31日、インペリアルビルにて）

あとがき

「形から入る」という言葉がある。これは一般的には、何か始めるときに見た目や体裁から入るといった、あまり良くない意味で使われることが多い。でも、建築の場合は、まず形を見てそこから考えるのは悪い方法ではないと思う。エクスナレッジの関根千秋さんに、一般向けのやさしい内容にして欲しいとお声をかけていただいたとき、私が考えたのは、普通の建築ファンの人たちが、建築の形に触れて楽しむための本にしたいということだった。

多くの建築ガイドでは、それぞれの建築の来歴や建築家について書かれている。ただ、そういった知識は、建築学科の学生にとっては勉強になるけれど、専門家でない人が、実際に町を歩きながら建築を見て楽しむことにすぐつながるだろうか。あるいは、建築家にまつわるエピソードはおもしろいが、それは建築そのものではないから、それを知るだけではもったいないと思う。

また「はじめに」でも書いたが、ゴシックとかネオバロックといったカタカナ用語があると、なんとなくわかった気になって、それ以上、自分の目で見なくなってしまうかもしれない。しかし実際にその形を一つ一つ観察していけば、まだまだ発見できることはいくらでもある。しかも建築は外観だけならいつでも見られるのだから、町はそれこそ無料の美術館のようなものだ。そのようなわけで、本書で私が目指したのは、読みながら風景や建築の雰囲気が感じられて、実際に自分の目で見たくなったり、現地に行ったときの気づきをうながすヒントがあるような読みものだった。誰でも、自分で発見したと思えれば心から楽しめるし、歴史的な建築の場合は、その発見を通して町の歴史性を実感することにもつながりうるだろう。

本書は、多くの方、特に建築を専門としていない方々との、対話を通じて考えたことから生まれている。まず、恩田陸さんとは、二日間にわたって横浜の町を一緒に歩かせていただいたが、とにかく本当に楽しかった。

本書の対談を読んでいただければおわかりいただけると思うが、恩田さんから次々と紡ぎ出される言葉を聞いていると、あぁ建築はこんな風にも見られるし楽しめるものなのかと感心させられ、同時に、専門家が建築を見る視点は、意外に狭い範囲だったのかなとも思わされた。また言葉による対話ではないが、本多康司さんの写真からも、インペリアルビルや神奈川県立音楽堂など、いくつもの見慣れていた建物のこれまで知らなかった表情に気づかされた。

大学では、長年、一年生の課題演習を担当しているが、本書で扱っている建築の半数以上は、そこでも扱ったことがある。専門教育前の一年生の感覚は一般の人にも近いと思うが、彼らの率直な感想は、いつも私自身の思い込みをリセットする重要なきっかけになった。そこでの議論や発見が、本書には組み込まれている。一般市民の方との町歩きは、建築を伝える言葉について考える機会になった。たとえば建築の魅力を説明するとき、美しいとか、見事だといった言葉をそのまま使ったら、受け取る側では、逆に、自然な気持ちの動きが阻まれてしまうことはないだろうか。そうでなく、その美しさなり、見事さなりに、見る人自身が気付き、自ずと心動かされるためには、どんな言葉が必要なのかと考えさせられた。

最後に個人的な話で恐縮だが、大正時代に横浜正金銀行に勤めていた祖母についても触れさせていただきたい。祖母といっても、父が小学生の時に他界しているため、実際には会ったことがない。それでも横浜正金銀行（現・神奈川県立歴史博物館）の建物を前にすると、彼女がかつてどんな気持ちでこの建物を見ていただろうかと思いを馳せ、いつの間にか心の中で話しかけてしまう。古い建築は、ときには、会ったことのない人への問いかけをうながし、人に歴史との連続性を実感させてくれる存在になりうる。町に残る一つ一つの建築は、私以外の多くの人にとっても、そういったかけがえのない存在なのだろうと思う。

この他にも、本当に多くの方々との建築についての対話を通じて、建築の見方が多様であることと、建築文化の豊かさを教えていただきました。一人一人のお名前は挙げられないですが、すべての皆様に心より深く感謝いたします。ありがとうございました。

菅野裕子
すげの・ゆうこ

横浜生まれ。横浜国立大学大学院都市イノベーション研究院特別研究教員。博士（工学）。西洋建築史専攻。一九九三年横浜国立大学大学院修了、二〇〇六～〇七年フィレンツェ大学建築学部客員研究員。著書に『建築と音楽』（共著、NTT出版）、『装飾をひもとく：日本橋の建築・再発見』（共著、青幻舎）、『14歳からのケンチク学』（共著、彰国社）他

恩田陸
おんだ・りく

小説家。一九九二年『六番目の小夜子』でデビュー。二〇〇五年『夜のピクニック』で吉川英治文学新人賞と本屋大賞、二〇〇六年『ユージニア』で日本推理作家協会賞、二〇〇七年『中庭の出来事』で山本周五郎賞、二〇一七年『蜜蜂と遠雷』で直木三十五賞と二度目の本屋大賞を受賞。近著に『スキマワラシ』『灰の劇場』など。著書多数。

横浜の名建築をめぐる旅

2021年7月12日　初版第一刷発行
2023年9月26日　第三刷発行

著者　菅野裕子
　　　恩田陸
発行者　澤井聖一
発行所　株式会社エクスナレッジ
〒106-0032　東京都港区六本木7-2-26
https://www.xknowledge.co.jp/

問い合わせ先　編集
Tel 03-3403-5898 / Fax 03-3403-0582
info@xknowledge.co.jp
販売
Tel 03-3403-1321 / Fax 03-3403-1829